ДУХОВНО ЗАВЕШТАЊЕ ВИНЧЕ
И МИТСКЕ ТРАДИЦИЈЕ СРБА

Библиотека ЗАПИС

Мирослав Мијановић
ДУХОВНО ЗАВЕШТАЊЕ ВИНЧЕ
И МИТСКЕ ТРАДИЦИЈЕ СРБА

УРЕДНИК:
Синиша Лекић

ИЗДАВАЧИ:
Скрипторијум, Београд
Седморечје, Београд

ГРАФИЧКА ОПРЕМА:
Аутограф, Београд

ШТАМПА:
Дијамант принт, Београд

ТИРАЖ:
150

CIP - Каталогизација у публикацији
Народна библиотека Србије, Београд

212(497.11)"63"

МИЈАНОВИЋ, Мирослав, 1974-
Духовно завештање Винче и митске традиције Срба / Миро-
слав Мијановић. – Београд : Скрипторијум : Седморечје,
2013 (Београд : Дијамант принт). – 102 стр. : илустр. ; 21 cm.
- (#Библиотека #Запис)

Тираж 150. – Напомене и библиографске референце уз текст.
- Библиографија: стр. 93-98. – Регистар.

ISBN 978-86-6313-004-3 (Скрипторијум)
ISBN 978-86-89705-00-3 (Седморечје)

а) Култови - Винча - Праисторија

COBISS.SR-ID 202097676

Мирослав Мијановић

ДУХОВНО ЗАВЕШТАЊЕ ВИНЧЕ

И МИТСКЕ ТРАДИЦИЈЕ СРБА

БИБЛИОТЕКА
ЗАПИС

Садржај

Увод

Историјски процеси човечанства као целине немају прекида у свом току и развитку, без обзира да ли о томе имамо или немамо писане споменике и трагове материјалне културе. Проучавањем основних религиозних форми, насталих у далекој прошлости, и њиховим упоређењем са познатим, касније изведеним формама веровања, можемо правилно утврдити промене у људском друштвеном и цивилизацијском развитку. Винча нам за такво поређење пружа богат материјал, а нарочито трагове заступљености хтонско-аграрног култа и култа предака, из којих су се прожимањем са другим духовним формама, преко сукоба или сагласја, изродиле религиозне идеје света којег данас познајемо. Из тог разлога је важно да се култови Винче темељно анализирају и упореде са млађим формама, ради сагледавања првог појма о божанствима уопште и мапирања промена и еволуције религиозне мисли, што је у страницама које следе бар у кратким цртама и покушано. Одступајући од тежње ка објашњавању различитости и посебности „удаљених" култура и народа, настојали смо да подвучемо сличности, духовне везе и јединство културе и становништва великих пространстава, јединство које је у недостатку правилног сагледавања материјалних доказа, до сада била само ретка хипотеза.

То јединство се може видети на балканском и малоазијском тлу, где су пре појаве грчке цивилизације, цветале велике културе Пеласта, Трачана, Илира, Скорда, Дарданаца, Хетита, Фрижана, Караца, Лићана и Етрураца, који су били директно повезани са старим неолитским културама. Одбацујући идеју „грчког чуда“, односно идеју да се ни из чега може нешто створити, истражили смо колико дугујемо овим цивилизацијама и да ли и у данашњем времену, међу нама, у нама и кроз нас оне и даље живе.

Посебно нас интересује појава српског имена далеко у прошлости и његова повезаност са именима великих божанстава, јер иако сада нисмо у стању да потпуно објаснимо ове феномене, они заслужују дужну пажњу.

Српски народ, као и сваки други, мора у свом бићу носити трагове првих веровања и схватања света уопште, па смо континуитет те мисли покушали да назначимо у далекој прошлости, средњем веку, али исто тако и у данашњици. За такво повезивање потребно је одбацити прегршт предрасуда, којима ми посматрамо и анализирамо старе народе и цивилизације, јер књига њиховог живота „није написана нашим језиком“. Њихово поимање света и Бога, за нас је велика непознаница, па материјални и културни остаци, не треба да нам служе само за реконструкцију њиховог начина живота и техничке вештине, већ и циља и смисла живота којем су наши далеки преци тежили.

1. Култ двосекле секире у Винчи

На локалитету Ушће, које је од самог насеља у Винчи одвојено реком Болечицом, откривена је урна[1] (Сл. 1.), у којој су пронађени остаци спаљеног покојника са два метална предмета, бронзаном двосеклом секиром – лабрисом[2] и накитом за косу (Сл 2.). Секира је дуга 8 цм, висока 5 цм, ширина међу рупицама износи 3,2 цм, а дебљина секире је ½ милиметра и тањи се према оштрицама. Рупица за качење лабриса указује да је ношена као амулет или апотропајон, на аналогни начин и у истом заштитничком својству као данашњи крст.

Сам проналазак секире не би био довољан да се закључи да је у Винчи упражњаван култ двосекле секире, али пронађене су и једносекле секире[3] (Сл. 3.), које су такође имале култну намену и значење, затим обредни колачи у облику бика, као замена за жртву, и постоље или носач лабриса (Сл. 4.).

---

[1]   М. М. Васић, „Тенедос и Винча“, *Глас САН CCXIV*, Београд (1954), стр. 111.

[2]   М. М. Васић, „Преисторијски обредни предмети – прилози ка познавању преисторијске религије у Србији“, *Старинар*, Београд (1908), стр. 98.

[3]   A. B. Cook, *Zeus – a study in ancient religion I*, Cambridge (1914), 677 стр.: „Кроз Егејску и Јадранску област можемо пратити заједничко обожавање небеског оца и мајке земље....Најзад, једносекла секира служи као симбол уједињених божанстава, глава секире представља мушко, а дршка секире женски еленемат у њиховој унији“.

9

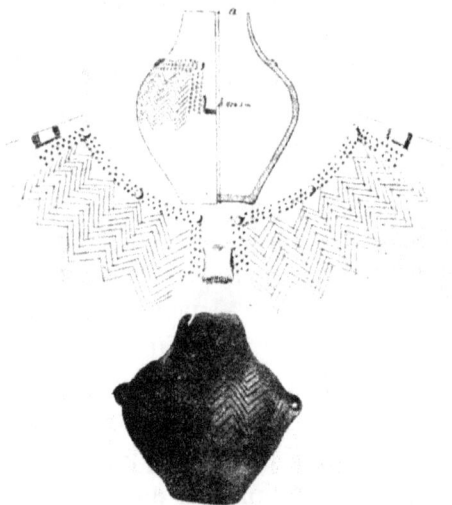

Сл.1. Урна, Ушће код Винче.

Сл. 2. Бронзана двосекла секира нађена у урни.

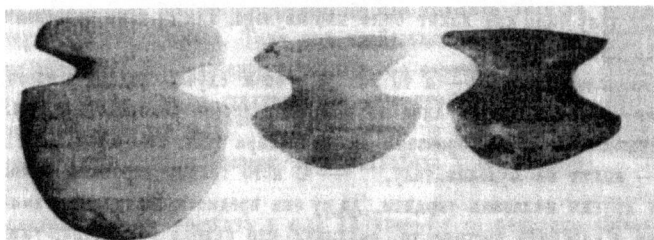

Сл. 3. Једносекле секире.

Постоље за лабрис из Винче, проф. Васић упо-
ређује са критско-микенским „консекративним
роговима", па изводи закључак: „На основу тих
аналогија са Крита смемо у погледу на наша пос-
тоља претпоставити аналогну употребу, односно
да су она служила за то да се у њих стави држаље
двојне секире, симбола бога Зевса. Према томе ова
постоља – да поново нагласимо – заједно са плас-
тичним представама вола и накитом у облику
двојне секире сачињавају једну групу података, на
основу којих се даје закључити о постојању култа
двосекле секире у насељу Винчи".[4]

Сл. 4. Постоље за лабрис.

Готово пола века касније поново се вратио ис-
тој теми и да би успоставио везу и упоређење

---

[4]   М. М. Васић, *Старинар*, 1908, стр. 113.

11

винчанског култа двосекле секире са неким познатим култом егејског и јонског басена, употребио је новац еолског Тенедоса,[5] града који се налази најближе самим Дарданелима, а на чијим је новцима из VI века пре Христа (Сл. 5.) представљен лабрис са осталим симболима Диониса: кантар, грозд, лира, троножац, ваза и људска фигура. Дионис из Тенедоса поистовећиван је са соларним Сабазијем, божанством трако-фрижанског култа.[6]

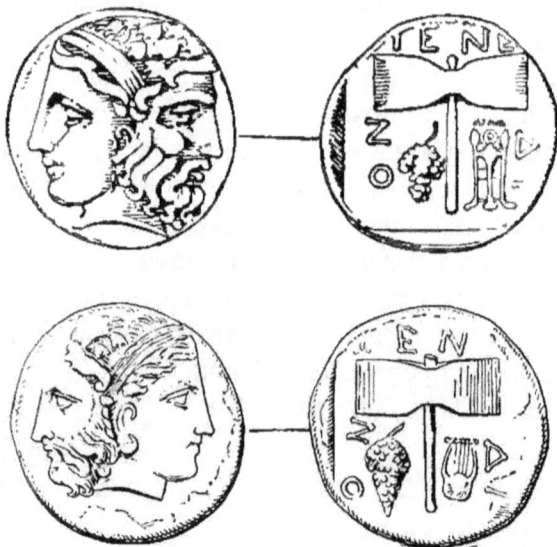

Сл. 5. Новац Тенедоса из VI века пре Христа.

[5] М. М. Васић, „Тенедос и Винча“, *Глас САН CCXIV*, Београд (1954), стр. 112. Старо име Тенедоса, *Phoinike*, указује на Феничане који су град настањивали у предгрчко време, а налази се у трако-фрижанској области у ужем смислу.

[6] A. J. Evans, *The Mycenaean tree and pillar cult, and its mediterranean relations*, London (1901), стр 10.

Не мање важне представе са два лица на реверсима, упоредио је са поклопцима са два лица ритуалних урни, пронађених у Винчи на ▼7,7 м и ▼8,3 м, док је урна на слици 7., са дубине ▼6,6 м. Сви поклопци су ритуално поломљени, а због недостатка металних налаза у обзир долази и могућност да су гробнице опљачкане. Две главе представљају еквивалент саме двосекле секире, односно њено појашњење из каснијег времена антропоморфних представа богова.

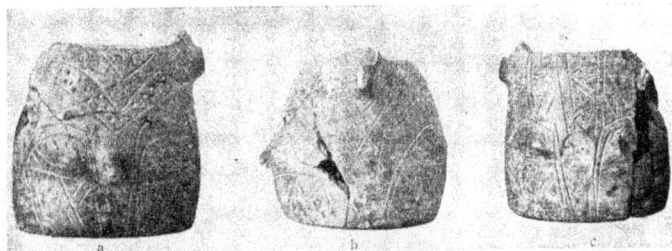

Сл. 6. Поклойци са два лица из Винче, ▼8,3 м.

Обредним либацијама у храму Тенедоса, није смео да приђе човек који је јео или дотакао свињу, као култно нечист, а младо теле које је жртвовано богу облачено је у котурне,[7] Дионисову обућу. О постојаности култа говоре и забележени историјски подаци о животу култа у Тенедосу, све до

---

[7] Котурне су настале од хетитских „опанака“, које касније носе и Фрижани, а могу се и данас видети у руралним деловима Сирије и Анадолије. Опанци су српско национално обележје, на идентичан начин, као што су у прошлости биле вид расног препознавања народа Мале Азије, још од времена Хетита.

Цицероновог доба.[8] По исказима Аристотела,[9] лабрис је на Тенедосу коришћен као ритуално оружје, јер се њим вршило законско кажњавање прељубника.

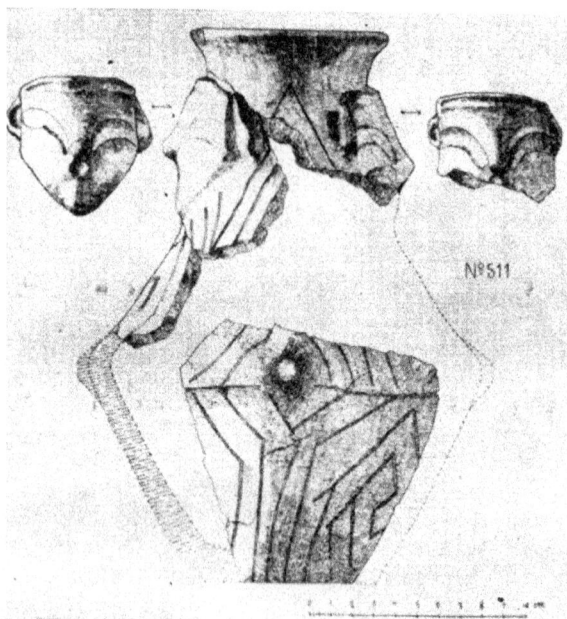

Сл. 7. Ваза јанусног типа, ▼*6,6 м.*

На атичкој вази[10] (Сл. 8.), силени окружују овенчаног Диониса на бику, који на рамену држи двосеклу секиру, а у руци рог за вино, односно садржи све симболе који представљају атрибуте и

---

[8] М. М. Васић, „Тенедос и Винча“, стр. 115.

[9] *Исто*, стр. 114.

[10] A. B. Cook, *Zeus – a study in ancient religion I*, Cambridge (1914), стр. 661.

тајне знакове његове силе и моћи. Шаке су Дионису приказане са згрченим малим и домалим прстом у гесту благосиљања, гест везиван за Сабазија и бронзане вотивне руке, назване „Сабазијеве руке“, које су пронађене широм каснијег римског царства. Винчанско божанство поседовало је исте симболе, па Васић није случајно јасно рекао, мислећи на спаљеног покојника из урне и лабрис: „према томе сме се закључити, да је покојнику било познато њено симболичко значење, а самим тим и култ божанства чији је атрибут.“[11]

Сл. 8. Силени и Дионис.

---

[11] М. М. Васић, „Тенедос и Винча“, стр. 111.

15

Праисторијски култ двосекле секире проф. Васић је, при крају свога вишедеценијског проучавања хтонско-аграрног култа Винче, упоредио са оргијастичким култовима задржаним у источној Србији све до данашњих дана и за то искористио извештај свога тадашњег асистента, Александрине Цермановић, која је лично забележила оргијастичке култове села Дубоке, обичај „падалица" или „русаља".[12]

Помислити да се тако давна веровања могу толико дуго задржати у српској народној свести је скоро ненаучно, јер нас историјска наука учи да „народи настају и нестају". Међутим, након анализе култних радњи вршених у Дубокој на Ускрс, дан обнове живота на земљи, он изводи закључак да су ови култови, без обзира на локалне варијације, истоветни са старим оргијастичким обредима Мајке богова, Кибеле-Кубабе. Поред „бесомучног играња у колу", транса, и прорицања као завршнице целог обреда, мисти из Дубоке носили су преко рамена пешкире са окаченим огледалима,[13] као још један несумњив знак Диониса, чији је култ био нераздвојан од Кубабиног. Остатке или „survivances" хтонских култова и старе религије предака у балканском фолклору, он налази и у највећим српским празницима Слави, Божићу, Бадњем-дану, обичају полагања сламе, посипању божићним пепелом и

---

[12] М. М. Васић, „Дионисос и наш фолклор", *Глас САНУ ССLXV*, Београд (1954), стр. 129.

[13] О огледалима и играчкама култа Диониса и вези са српским фолклором види М. М. Васић, „Crepundia и Symbola", *Глас САН ССXIV*, Београд (1954), стр. 165.

божићној печеници, као хтонској жртви прецима.[14] Иако се смисао старих ритуала изгубио и у народу добио разрешење у изреци „ваља се", ови ритуали су суштински повезани и са обредима вршеним над гробницом од девет покојника, која је пронађена у Винчи на здравици (⏷10,5 м), а изнад које су постојале рупе за изливање крви и пепела жртвених животиња.[15] Као најбоља потврда обожавања Велике Мајке је и вотивна теракота жабе, пронађена у Винчи, која је била и Херина култна животиња на Самосу, као и ликијске божице Лето, поштоване у старом светилишту на реци Ксантос.[16] Исти је случај са ритуалним купањем и кићењем гранчицама врбе на Ђурђевдан у Србији, које је истоветно са кићењем и купањем кипа Велике Мајке на Самосу, у реци Имбрасосу, „ради њена очишћења и повратка девичанству".[17]

Све до самог краја свог научног века, проф. Милоје Васић био је уверен да је Винча јонска колонија, настала после утемељења града Истроса (Хистрије), којег су 656. год. пре Христа основали грчки колонисти из Милета. У таквој поставци проблема трудио се да свим расположивим научним средствима доведе у узрочну културно-економску и религијску везу Јонију и Винчу, јер је заступао идеју да је Винча била насељена јонским колонистима и егејским авантуристима измеша-

---

[14] М. М. Васић, „Хтонско-аграрни култ у Винчи", *Глас САНУ*, Београд (1951), стр. 57.

[15] *Исто*, стр. 34.

[16] *Исто*, стр. 58.

[17] *Исто*, стр. 58.

ним са аутохтоним варварима. Његова борба у доказивању ове хипотезе била је противна идејама такозване нордијске школе и њених представника у земљи и иностранству,[18] која је своја мишљења формирала под сумњивим историјско-правним цильевима. Васић је као и други водећи археолози тога доба, В. Милојчић, Г. Чајлд, Ф. Шахермајер, веровао у јужно порекло људске цивилизације и културе, из Месопотамије и Египта преко Мале Азије, Црног мора, Егејских острва и јужног дела Балканског полуострва у садашњу Европу – *ex Oriente lux*. Штавише, толико је био уверен у културни утицај Јоније на Винчу, да је тврдио да „не постоји ниједан археолошки локалитет у нашој области, који не садржи ниједан елеменат грчке културе."[19]

У самом датовању Винче он је, и поред добијених тачних резултата датовања једне бронзане секире[20] (▼1 м) спектралном анализом, од стране немачког института у Халеу и другачијих мишљења неких својих колега, остао при томе да је Винча јонска колонија. Секира је датована у време 2000 год. пре Христа, па и сама урна са лабрисом, за коју је сам нагласио да припада млађем слоју насеља у Винчи, не може бити испод овог датума. Не заборавимо да је коту ▼11,4 м, као време ос-

---

[18] М. М. Васић, „Диригована археологија", *Историски часопис*, САН, књига V, Београд (1954-1955), стр. 1-3.
[19] *Исто* стр. 2.
[20] М. М. Васић, „Проблем бронзане секире из Винче", *Старинар*, Београд (1950), стр. 14.

нивања самог насеља у Винчи, професор грешком сместио у другу половину VII века пре Христа.

На другој страни, после извршене радиокарбонске анализе[21] угљенисаних зрна жита (▼2,98 – ▼3,48 м) сакупљених од Васића, проф. Миодраг Грбић 1957. године добија одговор, од свог колеге из Гронингена, да је старост налаза 5.430±120 година.

Васић је убеђен у истоветан ритуал, култ и обред винчанског бога двосекле секире и тенедоског Диониса, а њихов расцеп у времену је бар пар или више хиљада година, што нам показује да је култ остао суштински непромењен, а још убедљивију потврду дају нам поређења Дубоке и оргијастичких култова Велике Мајке. Не стоји само временска провалија на путу да се поверује у овакву тврдњу, већ се и она духовна поставља као још већа. Да ли је могуће да су сви репери веровања, створени тако далеко у прошлости, остали практично непромењени?

Винчанска азбука родила се из овог духовног система, јер духовно стремљење и јесте онај људски покрет, коме су знаци и азбука прва видљива деца и објава на знање. Проф. Васић је знаке на теракотама из Винче видео као писмо и сматрао становнике Винче писменим. Он је то своје мишљење изнео на више места, која преносимо од речи до речи:

---

[21] Радивоје Пешић, *Винчанско йисмо*, Београд (2003), стр. 24., прилог 25.

„На појединим предметима (на једној здели и на једној теракоти) постоје знаци у једном реду (натпис), које за сада не можемо прочитати".[22]

„Вотивни поклони имају, по правилу, натписе као и египћанске или азијске статуе: посвете које казују божанство, или га подсећају и препоручују му именованог верног дародавца. Грчка је поступно напуштала овај одиста варварски обичај, чије постојање у Винчи доказује још непрочитан натпис на трупу теракоте са ▼5,5 м. Статуета је због тога, редак, до сада једини, примерак своје врсте, који, доказујући исти религиозни поступак као и у архајској Грчкој, сведочи и о писмености становника Винче, што је такође значајно".[23]

„На основу очуваних костура можемо говорити и о раси или расама становника Винче, а натписи – на статуетама и земљаном посуђу – нажалост још малобројни, кад се буду прочитали, открић и језик тих становника Винче, или, можда, језик људи с којима су становници Винче били у културним везама дотичног доба.

Све су то крупни и значајни научни резултати које, пре открића и испитивања Винче, нико није

---

[22] Милоје М. Васић, „Јонска колонија Винча", *Зборник филозофскоᵍ факулᵹеᵹа*, књига I, Београд 1948, страна 86, 87. Здела је објављена у *Преисᵹориска Винча II*, страна 125., слика 256 б., док је теракота објављена у истом делу на страни 148., слика 307.

[23] Милоје М. Васић, „Однос винчине пластике према грчкој архајској пластици", *Глас САН*, CCIII, Београд 1951, страна 8. Статуета је објављена у *Преисᵹориска Винча III*, страна 19, слика 281.

ни могао ни смео наслућивати у тако удаљеној области од ондашњих културних центара.“[24]

„На већ приличном броју керамичких производа из Винче нађени су читави редови писмених знакова, које још не можемо читати. Сами по себи ти знаци доказују, да оснивање Винче пада у доба с писменошћу и да ће редови писмених знакова, када буду прочитани и објашњени, претворити ово, за сада 'преисторијско' доба у доба историјско , што ће знатно померити границу историје у нашој области у даљу прошлост.“[25]

Слика 9. Наииис на винчанској керамици.

Треба нагласити да је за нас најважније питање – где можемо ставити винчански култ и веру на скали људског духовног напрезања, која се протегла од временски и мисаоно непознатог почетка, а завршила Христовом објавом.

---

[24] Милоје М. Васић, „Преисториска Винча“, *Годишњица Николе Чуйића*, књига XLII, Београд 1933, стр. 23.
[25] *Исйо*, стр. 44.

2. Двосекла секира и свето тројство Балкана и Мале Азије

Божанства чији је атрибут двосекла секира позната су на широком простору Мале Азије, Асирије, Тиринсу, Микени, Криту, Родосу, Сардинији, Швајцарској, Јужној Русији, Доњем Дунаву, Ердељу, Средњој и Северној Европи, а најбоље обрађен је култ лабриса из минојског доба на Криту. Мишљења око правог значења лабриса и божанства коме припада су различита, мада не и неусагласива. Проблематику представља старије повезивање лабриса са Великом Мајком и млађе поистовећење са небеским оцем – громовником. Ова веза потврђује се и на Криту (Сл. 10), где је по Шлиману,[26] симбол Хере – заштитнице Микене, критског корелата Кубабе, израђен у виду златне краве и лабриса.

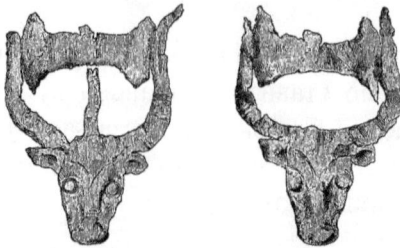

Сл. 10. Критска Хера.

---

[26] Heinrich Schliemann, *Mycenae*, New York (1878), стр. 218.

Са култом Кубабе непосредно је био повезан Дионис, који је у свом задњем облику, бику, растргнут на седам делова, па је веза између двосекле секире, Диониса и бика[27] очигледна. По Плутарху, у Малој Азији Кубаба била је поштована од Амазонки, Лиђана и Караца,[28] а сви они стоје у директној вези са Хетитима, код којих је двосекла секира била симбол врховног мушког соларног божанства – Сандона. Лабрис је у религиозној поворци на исклесаним споменицима Богазкеја, носило мушко божанство, али је оно било нижег ранга и подчињено врховном женском – лунарном божанству.

Мала Азија је најдаље одолевала патријархату, јер по Арчибалду Сајсу: „У Ефесу, упркос грчкој колонији, која је нашла свој пут довде, обожавање Мајке Богиње наставило је да упија живот насељеника, тако да се још може описати у време Светог Павла као град који је обожавалац Велике Богиње.“[29] Исти аутор, коментаришући Лукијана из Самостате, констатује да је мушко божанство било поштовано само кроз брак или рођење од Велике Богиње и да је главна фигура религиозних процесија увек била Богиња. Храм

---

[27] Наша стара српска реч за бика, била је *боу(к)вол*, а од ње је настала реч биво, која потврђује везу Бакха-Диониса и бика у нашем језику. F. Miklosich (1851), *Lexicon palaeoslovenico graeco latinum – emendatum auctum* (1865), стр. 47.

[28] A. B. Cook, *Zeus – A study in ancient religion I*, Cambridge (1914), стр. 560.

[29] A. H. Sayce, *The Hittites – the story of a forgotten Empire*, London (1890), стр. 113.

Артемиде у Сарду, испрва је био и посвећен Кубаби.[30]

Тражећи првобитно име мајке богова, касније Артемиде, преко по Страбону аутохтоног имена града Смирне, проф. Баклер и проф. Литман, који су учествовали у ископавању града Сарда и радили на дешифровању лидијског писма, предлажу оригиналну форму у облику *Sibiran* › *Sibran* › *Sivran* › *Simiran-a* › *Smiran-a* › *Smirn-a*,[31] јер „в“, „б“ и „м“ су консонанти и лако се могу мењати.

Да ли се исти принцип може применити и на вођу Трибала[32] Сирма, који би у оригиналу био СИРБО? Светислав Билбија један је од најзаслужнијих за скретање пажње на могућу сродност језика српског и лидског, па нас је тиме обавезао и на проверу других могућих веза, које више и нису за велико чуђење.

Једна од особености религиозне симболике и уметности Хетита био је двоглави орао[33] (Сл. 11.), којег су прво прихватили Турци Селџуци, а после крсташких ратова, двоглави орао као симбол, пренет је у Европу и прихваћен од стране немачких царева. У 14. веку појављује на грбовима Аустријског и Руског царства, а појављује се и као симбол

[30] H. C. Butler, *Sardis, vol. II – The temple of Artemis*, Publications of the American society for the excavation of Sardis, Leyden (1925), стр. 1.
[31] E. Littmann, W. H. Buckler, *Sardis, Lydian inscriptions*, Publications of the American society for the excavation of Sardis, Gottingen (1916), стр. 16.
[32] Србе су у средњем веку у међународним повељама називали Трибалима (троглавима?).
[33] A. H. Sayce, *The Hittites*, стр. 86.

Српског царства. Двосекла секира и двоглави орао су симболи, који могу један другог иконографски и смисаоно заменити.

Сл. 11. Двоглави орао из Ејука и манастира Дечана.

Проф. Владислав Р. Петковић, давно је скренуо пажњу да дечански и студенички лавови имају највише аналогија са хетитским (Сл. 12.), и чак сâм себе зачуђено пита: „Откуда ова сличност?“[34] Он примећује да је и стилизација гриве лавова чисто оријентална (као уосталом и грива римске вучице). Црква Светог Петра и Павла у Расу, поред тога што се налази над илирским кнежевским тумулом и предходном касноантичком црквом, задржала је оријентацију месопотамских, старовавилонских храмова, јер су стране њеног октогоналног кубета, усмерене према странама света. Немањина црква Светог Николе код Куршумлије, Ђурђеви ступови код Новог Пазара, по проф. Петковићу, „потпуно припадају кругу оријенталних цркава“[35] и њихове узоре треба тражити у Јерменији и Грузији.

Велика Мајка, Кубаба, у нашој народној свести и даље живи као „Баба рога“,[36] јер рогови као и трозубац, били су обавезни знаци божанстава пре појаве хришћанства (Сл. 13.). Фригијски врховни бог, који је носио имена *Bagios*, *Bayaios* или *Bagha*,[37] у нашем народу остао је у надимцима „Баја“ и „Баца“, који чак и кроз данашње њихово значење,

---

[34] Владислав Р. Петковић, *Манастир Дечани I*, Српска краљевска академија, издање Задужбине Михајла Пупина, Београд 1941, стр. 182., слика са стране 77., детаљ јужног допрозорника источне трифоре.

[35] *Исто*, стр. 182.

[36] Сл. 13. Кубаба на стели из Музеја у Анкари и врховни бог Тарку (илустрација преузета из књиге: A. E. Cowley, *The Hittites*, London, 1920, стр. 28).

[37] Charles Chipez and Georges Perrot, *History of art in Phrygia, Lydia, Caria, and Lycia* (1892), стр. 3 и стр. 32.

носе непромењене божанске особине – снагу, силу, осионост – бахатост. *Bagha* је представљао Сабазија, Атиса или сиријског Адонис-Тамуза, а они су сви соларна божанства и повезани су са култом двосекле секире и Велике Мајке. Две главне тачке ове религије биле су умирање и васкрс Бога винове лозе, сина Велике Мајке и небеског громовника.

Сл. 12. Хетитски лав и лав испред студеничког[38] портала.

---

[38] Валтровић и Милутиновић, *Документи – теренска грађа 1871-1884.*, Историјски музеј Србије, Београд (2006), стр. 128.

Сл. 13. Баба рога – Кубаба и врховни бог-громовник Хетита.

Bagha, фригијски Зеус, и на персијском језику означава божанство, али исто означава и словенска реч „Бог". Хришћанство је успело да најмања божанства угаси у народној свести, док је она највећа, или заменило хришћанским, или отерало у мрак и пакао (Баук = Бакх = Бахус), али претходне божанске власти оставиле су своје трагове. Српски сељак омогућио нам је, својом истрајношћу и приврженошћу старој вери и обичајима, да те трагове видимо и данас.

„Ђе Ђаво не може што свршити, онђе бабу пошаље" (Вук, Посл. 1346)

„На једну страну Ђаво, на другу баба, па ко натегне" (Вук, Посл. 3623)

ꟼ 9 А 8 ꝃ.

Ꝋꟾꟷꟷꟷꟷꟷ

ꝃ А ꟷ ꟷ А ꟷ = Ν Α Ν Ν Α Σ

Сл. 14. ШБАРД – у значењу САРД или грађанин Сарда,[39] имена Велике Мајке исписана у Фригији,[40] Лидији[41] и вертикални натпис на Мидиној гробници. Прва три натписа читају се са десна на лево.

На тлу Мале Азије соларни врховни бог, од најстаријих времена носи и име *Papas*, који је код Грка идентификован са Зевсом, док врховна богиња, касније названа Хера, Реа, Артемида носи име *Atma*, Ма, Матар Кубиле – Матер Кибела, Баба,

---

[39] E. Littmann, W. H. Buckler, *Sardis, Lydian inscriptions*, стр. 12.

[40] Charles Chipez and Georges Perrot, *History of art in Phrygia, Lydia, Caria, and Lycia*, London (1892), стр. 31., слика преузета из Ramsay, *On the early historical relations*, plate III.

[41] E. Littmann, W. H. Buckler, *Sardis, Lydian inscriptions*, стр. 7.

Кубаба, или *Nannas*, баш као и „Нана“ на нашем језику. Милан Будимир тврди да су и старосрпске речи, „крал“ и „кроуна“ (краљ, круна), такође хетитског порекла, а за ботаничка имена *rosa, lilium, viola* и што је врло важно *vinum*, налази да су „дошле у класичне језике потпуно независно из језика оних становника што их затекоше на медитеранским обалама грчка и италска племена при свом насељењу“.[42]

Да се иконографија и симболика двосекле секире и Велике Мајке,[43] задржала на Балкану и у средњем веку, увериђемо се ако погледамо златни печат из микенске акрополе и упоредимо га са „Фојничким грбовником“[44] (Сл. 15.), који је израдио Станко Рубчић 1340. године, у част цара Душана. Грб уједињене Илирије, чија је заштитница Богородица, недвосмислено носи симбол уједињења оца небеског – представљеног као Сунце и Мајке Земље – представљене као Месец. Грб Србије садржи четири једносекле секире (или две двосекле?), а огромна већина од укупно 139 грбова, садрже број три као симбол, такође не случајно.

---

[42] Милан Будимир, „Из класичне и савремене алоглотије“, *Споменик СКА*, LXXVI (1933), стр. 54.

[43] Велика мајка је обожавана у Песинусу у виду метеорског камена, који је пао са небеса – A. H. Sayce, *The Hittites – the story of a forgotten Empire*, стр. 113.

[44] Изворни назив књиге је „Родословје Босанскога, илити Илиричкога и Серпскога владаниа; заједно постављено по Станиславу Рубчићу попу. На славу Стипана Немањића, цара Сербљена и Бошњака 1340.“. Име „Фојнички грбовник“ је добио јер се од давнина чува у фрањевачком манастиру у Фојници.

Сл. 15. Златни печат из микенске акропоље, грб
обједињене Илирије и грб Србије.

Средњевековни Богумили са Балкана, веровали су у Велику Мајку и нашли начина да то веровање инкорпорирају у своје ново, хришћанским духом прожето веровање. Њихово симболично поштовање Сунца и Месеца, као знакова мушког и женског божанства, као и иконографија стећака, њихово погрдно име „бабуни", у значењу „бабини" – поштоваоци Бабе, потврђују да се на Балкану могу посматрати најстарији духовни системи и њихове касније деривације.

Антички Земун (или Београд?), помиње Аријан у свом делу о Александровом походу на Индију:

„Ена се спаја са Истром на граници норичке и ретске[45] земље, а Сава у земљи Пеонаца. Област где се те две реке састају зове се Таурун. Ако неко и зна коју другу пловну притоку Истра, свакако их не зна још много таквих".[46] Ово се да тумачити да је Таурун био град бика, што значи град Велике Мајке, култа двосекле секире и сунчаног бога који је носи.

Хетитски врховни бог, Сандон или Тарку, приказиван је и са једносеклом секиром, која се на својој другој страни завршава са шиљком, док у другој руци држи три муње. Етрурски пантеон[47] од дванаест богова, звао се *dii consentes* – сложни, али на њеном челу се налазила тријада богова – *dii superiores – Tinia, Uni* и *Menrva*.[48] Врховни бог *Tinia* имао је три муње, од којих је само једна била убојита, гром из ведра неба – *tertia manubia*, па је за њену употребу морао да консултује још два врховна божанства, са којима је чинио свето тројство. О веровању у три врсте муње код нашег народа, од којих је само једна убојита, гром из ведра неба, лично сам чуо од сељака из мионичког краја.

---

[45] Да ли су Рети уствари Рашани, односно Етрурци, становници Тракије или каснији Расцијани?

[46] Аријан, *Индија*, превод Пјер Шантрен, Нови Сад (1997), стр. 51.

[47] *Митологија и религија Етрураца*, Дечија књига, Београд (1990), стр. 75., наслов оригинала „Religiozno-mifologičeskaja kartina mira Etrurkov", Nauka, Novosibirsk (1980).

[48] *Исто*, стр. 77. Менрва је поистовећивана са Атином, јер је на етрурским огледалима приказивана са уобичајеним обележјима ове богиње, која је била и заштитница прве Троје.

Трокраки симбол јавља се на новцима Ликије, Лидије, Карије, али и Сицилије, чак и данас. Симбол (Сл. 16.) испод трона ликијског бога, на новцу који је ковао Александар Македонски после освојења Ликије 334. год. пре Христа, казује нам да сва снага трона небеског бога, односно њега самог, лежи у тројединости.

Сл. 16. Новац Александра Македонског кован после освојења Ликије 334. год. и новац сатрапа Куприлија[49] из Ксантоса, 460-440. год. пре Христа.[50]

---

[49] Слика са сајта продавца: Edgar L. Owen, „A Premier Gallery of Antiquities, Ancient Coins and World Art“. *www.edgarloven.com.*

[50] Charles Fellows, *Coins of ancient Lycia before the reign of Alexander*, London (1855), стр. 18, табла XIX.

Сл. 17. Ваза која објашњава значење шоī симбола као „шројединоī вечишоī йушника".[51]

Тај исти знак тројединости, утиснут је и у ознаку године проглашења Душановог законика, 6857. од Адама, у *Бисшричком рукойису* (Сл. 18.), а он ни приближно не одговара ознаци за број 6, латиничном „s" у старосрпском, и не може се њиме објаснити, већ једино тиме да врховни соларни, тројединиБог одређује и време. Осим Љубомира Стојановића[52] и Милана Стеванчевића,[53] ретко ко се

---

[51] H. B. Walters, *History of ancient pottery, Greek, Etruscan, and Roman I*, London (1905), Plate XXXIII. Панатенска ваза додељивана је победнику панатенских игара, одржаваних сваке треће године од Олимпијаде. Ваза је из VI века пре Христа.

[52] Љубомир Стојановић, *Сшари срйски найшиси и зайиси*, Београд (1920).

[53] Милан Стеванчевић, *Беоīрадска школа мешеоролоīије*, свеска III, Београд (2010), Милан Стеванчевић, *Беоīрадска школа мешеоролоīије*, свеска IV, Београд (2011).

потрудио да објасни одакле Србима тако старо рачунање времена. Јеврејски народ броји године од 3761. год. пре Христа, док Срби рачунају време од 5508. год. пре Христа, као време од рођења Адама. Календар представља важан и незаобилазан споменик било ког народа, па и српског.

Сл. 18. Почетна страна Душановог законика – бистрички рукопис[54] и знак тројединости[55] забележен у свим могућим варијантама при дешифровању натписа из Сарда.

Знаке тројединости можемо пратити дубоко у прошлост, јер и дупљајски „Аполон" носи знаке своје тројединости, три свастике на мањим, и исти симбол у стилизацији трокраког кружног симбола, на већим колицима. Колика је важност дупљајских

---

[54] *Законик цара Стефана Душана, Студенички, Хиландарски, Ходошки и Бистрички рукопис*, САНУ, Београд (1981), Fol. 178 v.

[55] E. Littmann, W. H. Buckler, *Sardis, Lydian inscriptions*, Publications of the American society for the excavation of Sardis, Gottingen (1916), стр. 16., Литман је овај знак поистоветио је са словом „ћ".

колица у мапирању религиозних форми, сведочи нам и проф. Милутин Гарашанин: „Значај ове необичне представе је у томе да она у потпуности одговара миту о Аполону у вези са његовим светилиштима у Делфима... Изузетна сличност грчког мита и представе на праисторијским колицима из Дупљаје, која су из прегрчког доба, указује свакако да је већ врло рано у унутрашњости Балканског полуострва морало постојати једно божанство плодности и вегетације, какав је првобитно и Аполон, чији су култ преузели Грци и изједначили га са својим божанством.“[56]

Божанство на дупљајским колицима збуњивало је мешањем мушког соларног, са женским лунарним божанством, односно својом хаљином, као женском одликом, и свастикама и барским птицама, као знацима соларног божанства. У првом насељу Троје видимо сличну птичију представу на богињи израженbegin облина, брадавицама (дојење) и пупком са утиснутом свастиком (рођење преко зачећа соларног бога), и са роговима који јој излазе из рамена (консекративни рогови). Божанство из Дупљаје, али и богиња Троје, су у исто време и хтонска и соларна божанства, односно у то време није било јасно одређених граница надлежности и власти, као у каснијим развијенијим облицима веровања. Не заборавимо да је Велика Богиња суверено владала над религиозним животом старих народа, и да је само она могла дати власт и силу мушким божанствима, која су постојала, али са

[56] М. Гарашанин, Ј. Ковачевић, *Археолошки налази у Југославији*, (1961), коментар уз таблу XVII.

много мањом влашћу и под потпуним патронатом Велике Мајке.

Добар пример за овакву тврдњу нам даје проф. Хенри Ролинсон,[57] који је откопао кулу – зигурат, са именом „храм седам светлости“, посвећен божанству Небо, од седам нивоа у Вавилону. Почетни ниво је Сатурн – црни битумен, следећи Јупитер – боја наранце, па Марс – црвене цигле, Сунце – ниво обложен златом, Венера, Меркур и на самом врху Месец – вероватно обложен сребром, као симбол саме Велике Богиње. Сва божанства, и мушка и женска, још од почетака су постојала, али се њихова позиција на скали моћи мењала кроз време, па је касније доба патријархата окренуло „кулу моћи“ наопачке.

Велико археолошко откриће дупљајских колица из бронзаног доба, која су пронађена у Вршцу, показују да у преисторији није било религиозно примитивних региона и да исти мисаони систем симбола, исијава из културних идола и предмета удаљених центара. То се до сада објашњавало дифузионим,[58] трговачким или културним интеракцијама између, по претпоставци, различитих раса и вероисповести, међутим ретко се помишљало да је становништво праисторије било етнички, расно, језички и религиозно врло блиско, на огромним просторима.

---

[57] George Smith and A. H. Sayce, *The Chaldean account of Genesis*, New York (1880), стр. 169-170, узето из Henry Rawllinson, *Ancient monarchies*, стр. 544.

[58] При покушајима објашњавања културних и расних интеракција народа, врло често се употребљавају термини за хемијске процесе.

Сл. 19. Дупљајска[59] већа и мања колица (Вршац, 1500–1200. год. пре Христа), трачки коњаник из Параћина.[60]

---

[59] Божидар Трифунов Митровић, *Азбучна математика Винче*, Коловенија, Београд (2012), стр. 76-77.

[60] М. Грбић, *Одабрана грчка и римска пластика у Народном музеју у Београду*, табла LIII.

Три знака „X" изнад „трачког коњаника" из Параћина, који у руци држи лабрис, а на глави фригијску капу, имају исто значење, тројединост небеског оца, као и код дупљајског „Аполона" и грбовима делова Илирије (Сл. 19. и Сл. 20.). Трачки коњаник из Параћина је дело „домаћег мајстора, повезаног са домаћом традицијом",[61] који је са једне стране исклесао Луну, а са друге Сола, у истом значењу обједињености Велике Мајке и соларног врховног бога, сада божанствима касноримске фазе на Балкану око III века после Христа.

Сл. 20. Грбови Славоније, Далмације и Рашке.

---

[61] М. Грбић, *Одабрана грчка и римска пластика у Народном музеју у Београду*, Сану, Београд (1958), стр. 82-83, табла LIII.

Многи научници су се бавили Константиновом визијом спасоносног знака и формирања приказа лабарума или Христовог монограма. Један од њих, проф. Х. Лицман тумачећи Константинову посету галском храму закључује: „Када је Константин после победе над Максимијаном Херкулом свратио у Аполонов храм у Галији, свештеник храма поднесе му венце на којима је стајао број XXX, то јест године царевог живота, и пожеле му да поживи још трипут толико; Константин онда поверова да је, у облику Аполона, будући господар света.“[62] Али наравно, спасоносни симбол имао је другу, јачу поруку, од броја година царевог живота, а то је тројединост врховног бога, знак који је, нажалост данас, омаловажен и као ознака за порно филмове.

Артур Еванс[63] сматра да је двосекла секира била симбол бога Зевса. На карским споменицима, лабрис је представљен као симбол карског бога Лабрандоса, а на реверсу новца из Миласе, која је била карски религиозни центар, представљена су два карска Зевса – Зевс *Osogo*, који носи хитон и трозубац и Зевс *Stratios Labrandenos*, који у својој једној руци држи лабрис, у другој копље, док му на глави стоји *kalathos* – котарица изобиља. Зевс Лабранда има исту иконографију као и Сарапис[64]

---

[62] Никола Вулић, „IN HOC SIGNO VINCES“, САНУ, књига CCCXLVI, *Неколико питања из античке прошлости наше земље*, Београд (1961), стр. 40.

[63] A. J. Evans, *The Mycenaean tree and pillar cult, and its mediterranean relations*, London (1901), стр 108.

[64] Сараписа историчари помињу као божанство створено за време владавине Птоломеја I, настало спајањем Озириса и Аписа. У делу Псеудо-Калистена *Живот и дјела Александра*

(Серапис), који такође има *kalathos* на глави. На следећој слици приказан је новац кован у Миласи у II веку пре Христа, на коме видимо обједињавање Зевс *Osogo*-а, који носи хитон, трозубац, орла и Зевса *Stratios Labrandenos*-а, а то спајање по Грцима је било спајање Посејдона и Зевса.[65]

Сл. 21. Обједињавање Зевса Osogo-а и Labrandenos-а.

Македонског, сам бог Амон у шифрованој бројној поруци, открива своје право име С.А.Р.А.П.И.С. Александру и налаже му да нову Александрију подигне на место старог светилишта (Серапеума) илирског бога мора Протеја, у већ постојећем граду Хермополису. Роман је објашњењем Александровог порекла, од египатског фараона Нектанеба, указао на стару власт Хетита, Хикса и народа са мора Шардана над Египтом у прошлости и тако повлачи историјско право Александрових будућих освајања. Сам Сарапис се појављује и на његовој самрти у Вавилону. Веза овог романа и редакције српске „Александриде" још није разјашњена. Загонетно је и порекло имена старог египатског језера Сербонис, близу границе Египта и Сирије.

[65] A. B. Cook, *Zeus – A study in ancient religion I*, Cambridge (1914), стр. 576, стр. 577.

Сл. 22. Сарапис са Кербером.

Један део писма цара Хадријана свом конзулу Сервијану говори о снази култа Сераписа у Египту и његовој вези са Христом: „Од Хадријана Августа, Сервијану конзулу, поздрави... Они који обожавају Сераписа су у ствари хришћани, а они који сами себе зову бискупи Христови су у ствари следбеници Сераписа. Нема поглавара јеврејске синагоге, Самарићанина, нема хришћанског презвитера, који није астролог, предсказивач или помазаник. Чак је и сâм патријарх, када дође у Египат, приморан од неких да служи Сераписа, од других да служи Христа."[66] Култ Сераписа у Египту трајао је до забране паганства 391. год нове ере, а његово мешање са Христом је резултат скоро идентичних ставова та два религиозна система о бесмртности душе, испаштању грехова на овом свету и завету ћутања. Серапис је такође симболично представљен као бик и припада истој религиозној идеји као и Дионис. На споменицима, често је приказиван заједно са троглавим Кербером и грешком именован Хадом, што му је одузимало соларне животодавне атрибуте, које је итекако поседовао (Сл. 22.).

Лабрандина мермерна статуа из Миласе[67] (Сл. 23.), говори о великом напретку карског царства, под Хекатомносом, јер је карски бог израђен као најбоље грчке класичне скулптуре, док сличан приказ има и Серапис из Стобија. Мермерна глава

---

[66] Писмо Хадријана Сервијану, 134. године, у: J. A. Giles, *Hebrew and Christian Records* (1877), II стр. 86.

[67] A. B. Cook, *Zeus – A study in ancient religion I*, Cambridge (1914), слика Табла XXVIII., стр 597.

Лабранде, пронађена у Миласи, сада је у Бостонском музеју, а најближе аналогије овом ремек делу, могу се пронаћи на статуама маузолеја из карског Халикарнаса, једном од седам светских чуда.

Сл. 23. Карски Лабранда (без оштећеног kalathosa) из Миласе и Сарапис[68] из II века после Христа из Стобија.

Још један разлог више да се подробно испита божанство Серапис, осим лаке и природне замене „п" у „б" – САРАБИС, даје нам проф. Милан Будимир, који изводи име Кербера, у митологији и уметности повезиваног са Хермесом[69] и Сераписом,

---

[68] М. Грбић, *Одабрана грчка и римска пластика у Народном музеју у Београду*, табла LVII.

[69] Употреба слова и гласа „С" уместо „Х" је старија, јер „Х" није оригинално слово, па је и то један од начина одређивања старости језика „индоевропске фамилије" по оснивачу енглеске филологије J. W. Donaldson-y, у делу

од старијих облика *Kimmerios* › *Kimberos* › *Kirberios*
› *Sirberios* › *Sirberos* › *Sirbon* › *Sirba* › *Sirb*[70], нагла-
шавајући да последња два „морају бити врло старог
датума". У многим радовима, посвећеним трагању
за првим коренима Срба, Будимир је указао и на
везу Херма – Хермеса – *Imbrosa* са српским наро-
дом. Наравно такве констатације морале су бити
врло обазриво изнешене, с обзиром на време када
су објављене, и добро научно доказане, колико се у
области упоређења тако старих језика са неким да-
нашњим, може са сигурношћу нешто доказати.
Макс Милер, највећи западни познавалац индијске
културе и религије, упоређује Кербера са два пса,
која стоје на улазу у подземни Јамин свет, два пса
названих *Sarameya*, који су синови трећег *Sarame*,
четворооког сивог пса. Најзначајније је тумачење
Милера, који наводећи да грчки језик не даје извор
за етимологију речи *Kerberos*, и поистовећујући
Кербера[71] и индијског *Saramu*, каже: „Ако ћемо да
сумњамо у ову једначину, можемо онда исто тако
посумњати у једнакост санскритског *matar* и ла-
тинског *mater*."[72] У речима *Sarama* и *sarvara*, у
значењу ноћ, он види као митолошки потпис Бра-

---

*New Cratylus – or contribution towards a more accurate
knowledge of the Greek language*, London M.DCCC.L., стр.
178.

[70] Милан Будимир, „О подунавским Сигунима", *Историски
часопис*, књига IX-X, Београд (1959), стр. 33.

[71] Троглавост Кербера тумачи се и као три мене месеца. G.
W. Cox, *The Mithology of the Aryan nations*, London (1870),
стр. 376.

[72] F. Max Muller, „Antropological Religion", *Collected works
of F. Max Muller*, стр. 248.

мана, име племена освајача са планина,[73] који су нашли начин да индијској религији и цивилизацији наметну своја божанства, јер једно од имена Агнија такође је *Sarva*.[74] „В“, „б“ и „м“ су консонанти и лако се могу мењати и на овом примеру, као и у етимологији имена града Смирне.

Артур Еванс је означио „дворану двосекле секире“ у Кносу речју – лабрис, по прочитаном имену карског божанства Лабранде, јер је утврдио да се сама секира са консекративним роговима, сматрала за божанство у главном светилишту Караца, у Миласи[75] и да се она на карском језику означавала именом – лабрис. Карци и Лићани су исправа писали са десна на лево, као што је писано и хетитско хијероглифско писмо, па ЛАБРИС прочитано уназад даје, СИРБАЛ. Макс Милер и Еванс су први уствердили да је карски Лабранда, бог прехеленског живља Анадолије, истоветан са критским богом двосекле секире, јер су и саму двосеклу секиру, ови научници сматрали хетитским симболом.[76]

---

[73] Освајачи и владаоци Вавилона од почетка XVI до половине XI века пре Христа, Касити, који долазе иза планине Загрос, мењају име града Вавилона у КАРДУНИЈАШ. Владају Вавилоном после заједничког освајања са Хетитима, а одржавали су „братску“ преписку са фараонима XVIII династије – Хиксима, из познате Тел-Амарна преписке, писане клинастим писмом.

[74] *Исто*, стр. 165. Поред горе поменутих, као једно од могућих имена тог освајачког племена Макс Милер је навео *Sabaras, Varvaras, Sarvani*.

[75] A. J. Evans, *The Mycenaean tree and pillar cult*, стр. 109.

[76] *Исто*, стр. 110.

У Лидији, Ликији[77] и Киликији Лабранда за време Хетита, носи назив Тарку, Тешуп или Сандон и представља Кубабиног мужа и Атисовог оца.[78] Он је на стенама Ибриза[79] (Сл. 24.) представљен у опанцима, фригијској капи, роговима, као старим знацима божанства и чокотима винове лозе. То је сунчани бог, коме се краљ или сатрап хетитског царства, обраћа вичући, да би га нехајни бог чуо и услишио молитве. Његова појава и приказ у најмању руку подсећају на каснијег Диониса.

Сл. 24. Хешишски Сандон.

---

[77] Краљ Ликијаца Сарпедон, по предању брат и савладар Минојев и Радамантов на Криту, погинуо је у тројанском рату на Пријамовој страни.

[78] A. H. Sayce, *The Hittites*, стр. 111.

[79] A. E. Cowley, *The Hittites*, стр. 32.

После откривања царских библиотека у хетит-
ској престолници Богазкеју и њиховог дешифро-
вања, списак врховних хетитских краљева – осни-
вача, почиње на велико изненађење са Лабарном.[80]
Анализом накнадно пронађене листе од 44 краља
хетитског царства, све до синова Шупилулијуме
(1370-1340. пре Христа), време Лабарне се може
ставити око 2000. год. пре Христа[81] или нешто пре.
Име првог краља – оснивача царства, који је та-
кође могао носити име националног бога, иден-
тично је са каснијим националним божанством
Караца, Зевс Лабрандом, што значи да није било
већег, ни расног ни језичког ни културног расцепа,
на територији Мале Азије после пропасти Хетит-
ског царства, бар не на њеном југозападном делу.

---

[80] Гавро Манојловић, *Повијест старога оријента, од
најстаријих времена до у једанаесто стољеће прије Хри-
ста*, Загреб (1923), стр. 475.

[81] *Исто*, стр. 475.

3. Уметност потврђује
јединство

Колико је значајно откриће неолитског насеља у Бутмиру, сведочи податак да је 1894. год. од 15. до 21. августа у Сарајеву, организован интернационални конгрес археолога и антрополога, којем су присуствовала светска научна имена попут Роберта Мунроа, Саломона Ренака, Габријела де Мортијеа и других. Велика пажња на конгресу посвећена је управо насељу у Бутмиру и његовој несхватљивој културној вези са Египтом. Та веза је констатована због употребе индентичног спирално-меандарског орнамента у Бутмиру, Микени, Троји, Криту и у далеком Египту.

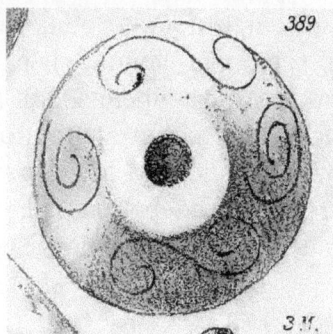

Сл. 25. Култни „вулканчић" из најдубљег слоја Троје.[82]

---

[82] Heinrich Schliemann, *Troy and its remains – a narrative of researches and discoveries made on the site of Ilium, and in the Trojan plain*, New York (1875), табла XXXI.

У праисторијском насељу Бутмир налазимо керамику и пластику високог нивоа техничке и орнаменталне израде, какву бисмо узалуд тражили на европском тлу или другим преисторијским културама најмлађих слојева. Керамика без орнамената коришћена је у свакодневној употреби, док је она орнаментисана коришћена у сакралне сврхе. Бутмирске становнике, којима је главно занимање, уз лончарство, представљала индустријска производња[83] каменог оруђа и оружја, научници су доводили у везу са миграцијама са Јадрана, односно југа, или са крајњег истока, покушавајући да их на тај начин повежу са црном – негроидном расом, док је Артур Еванс сматрао да је Бутмир био под утицајем микенске културе.

Само ретки научници, попут Мортијеа, су упозорили на велику савршеност неолитске пластике у Бутмиру и на југоистоку Европе, док се у савременим насељима, претпостављених места досељавања, налази керамика лошије израде. Посебно изненађује математичка прецизност и познавање система смицања при конструкцији орнамената у Бутмиру, чију неразвијенију фазу можемо пратити и у старијем Новом Шехеру, па се Бутмир намеће као географски центар спирално-меандарског подручја.[84]

---

[83] Остаци ових предмета су толико обилни да превазилазе локалне потребе, па се претпоставља да су прављени за трговину и извоз.

[84] Ћиро Трухелка, *Културне прилике Босне и Херцеговине у прехисторичко доба*, Сарајево (1914), стр. 31.

Сл. 26. Орнаменти из Бутмира са објашњењем конструкције „смицањем". [85]

За проучавање и датирање култура каменог доба у југоисточној Европи важна су истраживања Хуберта Шмита, који је на тему хронологије и прве појаве врпчасте керамике и спирално-меандрастог мотива, све сабира у закључак: „Све што у Балканским земљама припада неолитској доби мора бити старије него култура насеља у Троји II, старије него ли њоме паралелно идућа култура оточја, а много

---

[85] Dr. Wilke, „Нови приноси спирално-меандрастој керамици и њени односи према кружници и текстилном плетиву", *Гласник земаљског музеја у Сарајеву*, Сарајево (1909), стр. 196, стр. 197.

старије него рано микенска периода."[86] Преко познате старости насеља Троја II, која са своја три дозиђивања и преправке припада периоду од 2500. до 2000. године пре Христа, др Вилке је доказао да се спирално-меандраста керамике појављује у првој четвртини III миленијума пре Христа, ако не и раније.

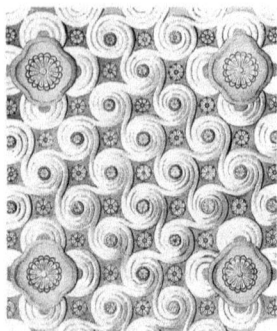

Сл. 27. а) Декорација шаванице Миносове шалаше[87] и орнаменши шалаше у Тиринсу.[88]

---

[86] Dr. Wilke, „Нови приноси спирално-меандрастој керамици и њени односи према кружници и текстилном плетиву", стр. 201., узето из *Troja, Mykene, Ungarn, Archipel. Parallelen.* U Zeitschr. F. Antbr., Ethn. U. Ugresch., (1904)., стр. 608.

[87] Artur Evans, *The palace of Minos III*, plate XV. Декорација таванице Миносове палате у Кносу, по Евансу, позајмљена је од египатске XVIII династије, значи династије Хикса, односно времена власти Хетита над Египтом, стр. 31.

[88] Heinrich Schliemann, *Tiryns – The prehistoric palace of the kings of Tiryns, the results of the latest excavations* (1885), plate V.

Сл. 28. Хетитска двоколица из музеја у Анкари и надгробни камен из Микене.[89]

Оно што прави забуну око могућих културних повезаности Бутмира и Египта, где се овај орнамент такође јавља, јасно је када се погледају скарабеји фараона XVIII династије – Хикса (Сл. 29.). Њихов орнамент идентичан је са микенским и бутмирским и он показује непрекидну линију од Бутмира, преко Троје, Микене и Хетита до Египта.

Сл. 29. Скарабеји XVIII династије.[90]

[89] Heinrich Schliemann, *Mycenae – a narrative of researches and discoveries at Mycenae and Tiryns* (1878), стр. 81.

Међутим, тај пут се не тражи само преко Крита, већ и копненим освајањем Египта преко Сирије од стране Хикса, који се десио још крајем XVIII века пре Христа. Хикси су 1758. год. пре Христа освојили и Вавилонију, оборивши Аморитску династију и тако успели да завладају свим великим царствима света у исто време. Ехнатонова фараонска библиотека из Тел-Амарне, откривена тек 1891. године, показује повезаност читавог старог света у XIV веку пре Христа, јер вавилонски, хетитски и египатски владари, који су у то време сви били хетитске крви, у преписци писаној вавилонским клинастим писмом, један другог братски ословљавају и потврђују до тада непознату јединственост света на политичком нивоу.[91] То политичко јединство или усаглашеност, једино је и могло имати снаге и моћи, да уметнички израз наметне и спроведе на тако великим просторима.

О доласку планинаца, старих Акађана у Вавилон и пре познате навале Хетита у XVIII веку, показује нам рани вавилонски цилиндар, за који се зна да је био у власништву члана краљевске породице из Ура. Карактеристична хетитска обућа, коју носи вођа поворке, јавља се дакле у Вавилону и доста пре 2000. год. пре Христа.

---

[90] W.M. Flinders Petrie, *Egyptian decorative art – a course of lectures delivered at the Royal Institution* (1920), стр. 24-25.

[91] W.M. Flinders Petrie, *Tell el Amarna* (1894), стр. 90. Клинасто вавилонско писмо пронађено је и у библиотекама хетитског царства, истог периода, и коришћено је у званичним документима царства.

Сл. 30. Рановавилонски цилиндар[92].

Гавро Манојловић, велики познавалац историје Хетита и прегрчких народа Мале Азије, у свом изузетном делу *Повијест старога Оријента*, из 1923. године, чак експлицитно каже: „Без сумње су ти Хикси били само један огранак велике поплаве народа, која је у последњем реду потекла и Мале Азије, а прво јој исходиште беше још из веће даљине преко Балкана, Црног Мора и Кавказа."[93]

Другачије се не би ни могла протумачити тврђења данашњих археолога који налазе да: „око 1000. год. пре Христа постоји јединство цивилизације од Карпата до Италије".[94] Дорским сеобама, које

---

[92] George Smith and Archibald Henry Sayce, *The Chaldean account of Genesis*, New York (1880), стр. 197.

[93] Гавро Манојловић, *Повијест старога оријента, од најстаријих времена до у једанаесто стољеће прије Христа*, Загреб (1923), стр. 53.

[94] Ђ. Мано-Зиси, Љ. Б. Поповић, „Нови Пазар, Илирскогрчки налаз", Београд, стр. 48. Навод из дела V. Parvan Getica, стр. 322-332, Fokoru-Dalj, ornamentika Sighisoara-Nezakicij.

представљају поновно надирање илирских и трачких племена преко средњег Балкана у Грчку, цело то велико подручје постало је јединствена уметничка област, од XII па све до VIII века пре Христа. Уметнички, најјаче је изражено јединство бронзаних статуета, па су „ковач из Беле Паланке"[95] (Сл. 31а), или бронзана статуета „ратника из Вача"[96] (Сл. 31б), „истог квалитета израде и уметничког израза као и савремене тесалске статуете".[97] Веза Грчке са балканским залеђем прекида се тек од архајске уметности и она касније има свој засебан уметнички развој.

Сл. 31. (а) Ковач из Беле Паланке. (б) Ратник из Вача.

---

[95] *Античка бронза у Југославији*, Народни музеј, Београд (1969), сл. 19., крај VIII и почетак VII века пре Христа.

[96] *Исто*, сл. 1, VII век пре Христа.

[97] М. Грбић, *Одабрана грчка и римска пластика у Народном музеју у Београду*, САНУ, Београд (1958), табла XVI.

Међутим, када кажемо јединствена уметничка област, зар то не значи област јединственог, религиозног и духовног израза, који једино и може да одреди стил и све друге параметре уметничког приказа. То значи да су око 1000. год. пре Христа, а сигурно и раније, исти богови остваривали своју јединствену власт над простором од Карпата до Италије, и даље до Иберијског полуострва. То јединство се протезало дубоко у прошлост и није могло бити потпуно прекинуто ни у будућности.

Фрижани, Лићани, Карци, народи Киликије и Ликаоније, по неким ауторима[98] не представљају новонасељене народе, после распада хетитског царства 1200. год. пре Христа, већ управо оне који су то царство урушили изнутра, када је оно као централизовано уређење показало знаке слабости. Реч је о побуњеним сатрапима, од којих су силом, организацијом и високом културом предњачили Лићани.[99] О слави и моћи старих царстава Мале Азије сведочанства су небројена – први лирски песник Архилох (половина VII века пре Христа) пева: „Ја не марим за силно благо Гигово, још завист не савлада ме....“, Ксенофан о Јонцима: „раскошту некорисном научили су се од Лићана... Ишли су на трг у пурпурним хаљинама...“, а Сапфа (почетак VI

---

[98] L. Messerschmidt, *The Hittites* (1903), Archibald Henry Sayce, *The Hittites – the story of a forgotten Empire* (1890), Charles Chipez and Georges Perrot, *History of art in Phrygia, Lydia, Caria, and Lycia* (1892), W.M. Flinders Petrie, *Tell el Amarna* (1894)...

[99] За лидског краља Креза утврђено је да је први ковао новац.

века пре. Христа): „Волела бих видети њезин љупки ход и блистави сјај њезина лика више него лидска бојна кола и оружану пешадију.“[100] Сервије, коментатор Вергилијеве Енеиде вели: „Још су Етрурци носили тогу, јер је у ову одећу, како се прича, била обучена у Лидији Јупитерова статуа.“[101] Ова тврдња је само делимично тачна, јер пурпурна тога и пурпурне папуче такође су власништво Велике Мајке. Мала Азија је поштовала небеског оца само преко поштованије и старије Кубабе-Кибеле, па је у пурпурну тогу и папуче био је обучен њен колосални кип. Одећа врховног католичког поглавара, поред Кибелиног пурпурног огртача и папуча, садржи и владарску капу и заобљен штап при врху или дну, које на исклесаним стенама Богазкеја носи хетитски краљ или врховни громовник.

Постоје и трагови прехеленске писмености на Балкану, а то су малобројни сачувани трачки натписи од VI до IV века пре Христа на Балкану и у Малој Азији, фрижански, лидски, карски и ликијски натписи од VII до V века пре Христа.[102] У Ликији, у државној употреби, у IV веку пре Христа, за време владавине Хекатомнида, била су два писма, домаће и грчко, због њихове трговачке колоније, па је Фанула Папазоглу означила њихову хеленизацију као превремену!?[103]

[100] Милош Н.Ђурић, *Огледи из грчке философије и уметности* (1936), стр. 42.
[101] Бранко Гавела, *Етрурци*, Београд (1978), стр. 39.
[102] Фанула Папазоглу, *Из историје античког Балкана*, Equilibrium, Београд (2007), стр. 254.
[103] *Исто*, стр. 255.

*Сл. 32. а) Громовник води хетитског краља
б) краљ дочекује Велику Мајку и громовника
са лабрисом – Богазкеј.*[104]

---

[104] Archibald Henry Sayce, *The Hittites – the story of a forgotten Empire*, London (1890), стр. 88 и стр. 91. Са ритуалних стена Богазкеја.

Колико год чудна била ова констатација, она је тачна, јер се први самостални градови-државе (у смислу полиса) и појављују се на тлу Мале Азије, па се исти организациони систем, појавио и на тлу Италије при преласку Етрураца, који такође воде порекло од Лиђана и Караца. Етрурска писменост је била толико раширена, да се може говорити о општенародној употреби писма у свакодневном животу, док се по свим старим ауторима, Етрурци помињу као оснивачи римских институција, образовања, архитектуре и уметности уопште. Тит Ливије каже: „Ја знам, сасвим поуздано, да су некада римски младићи уопште стицали своје образовање по етрурској књижевности, као што то данас чине по грчкој." Ливије нам говори о образовном систему и развијеној књижевности, чак и етрурској реторици, па силом здравог разума можемо закључити да се хеленизација Италије није десила утицајем Грчке, већ пресудним утицајем Етрураца. Стари писци су нам и пренели ове истине, јер исти аутор пореди етрурски град Цере и његов значај на образовање деце и младе римске аристократије, са значајем Атине за грчку културу.[105]

Лидско домаће име Сарди, за нас није без значаја, јер се осим Сардиније, Сицилије и Апенинског полуострва, јавља и на Балкану, као у именима Кордун, Скрадин (код Шибеника), Скадар, средњевековни Сард (код Скадарског језера), Шар планина (антички Scardus), Scordisci?, Сурдук (код Сланкамена), Сурдулица, Сердика (Софија), као и војна титула „сердар" код Црногораца.

---

[105] *Исто*, стр. 18.

Сл. 33. Бронзане сфинге и лежећи људи малоазијског уметничког израза – Требениште код Охрида.[106]

Ако погледамо ситуле Венета, насељених на северу Јадранског мора, на којима су приказани чак и старији, хетитски ритуали и уметнички израз, а исто показују и јаподски споменици, могли би помислити да је контакт Мале Азије, Балкана и Италије, још старији од Етрурске сеобе, која је неминовно укључивала и копнени пут преко Балкана. Зашто је тако тешко у требенишком и новопазарском налазу видети етрурски утицај, када њихово повезивање са јужном Италијом управо иде у прилог таквој вези, обзиром на насељавање јужне Италије из Мале Азије и Јоније. Карска и феничанска морнарица, била је само део старе, критско-микенске таласо-

---

[106] М. Грбић, *Одабрана грчка и римска пластика у народном музеју у Београду*, Сану, Београд (1958), табла XII.

кратије, која је имала власт над целим Средоземним и Црним морем, па је природно плански насељавала територију под својом влашћу.

Културне остатке етрурске „сеобе", налазимо на Балкану сачуване у националној ношњи сребреничког котара,[107] све до пред крај XIX века. И поред подсмеха и притиска нових обичаја и ношњи, могле су се до пре стотину година наћи у том целом крају, четири жене које су саме израдиле и носиле фригијске капе, врло компликоване и захтевне израде. Како овај случај објаснити, сем дуготрајним присуством етноса „фригијске или орфичке капе" на Балкану, јер реч је о размаку од најмање 2.000 година. Овај случај неодољиво подсећа на проблем везе оргијастичких култова Дубоке и култа Велике Мајке.

Ћиро Трухелка поводом фригијске капе закључује: „Можемо дакле за стално узети, да је међу становницима Балканског полуострва и међу Фрижанима у етничком погледу била сродност, при чему је за наше питање свеједно, да ли нам исходиште тој сродности ваља тражити с ове или с оне стане Дарданела. За нас је доста ако смо културно-историчку свезу између фригијске капе у Малој Азији и у сјеверним странама Балканског полуострва уопће учинили вјероватном."[108]

---

[107] Ћиро Трухелка, „Фригијска капа – комад босанске женске ношње", *Гласник Земаљскоī музеја у Сарајеву*, Сарајево, јануар – март (1894), стр. 89.

[108] *Исīо*, стр. 92-93.

Сл. 34. Фриīијска каīа сребреничкоī окруīа и њени саставни делови.

Од античких писаца прихваћено је да је бог вина Дионис северног, трако-фригијског порекла и да се најстарије представе о овом божанству могу наћи у рудименталној фолклорној традицији народа, који се у далекој прошлости простирао са обе стране Дарданела као јединствен етникум.[109] На Криту, храму у Делфима и Аргосу постојала су

---

[109] Владимир Лековић, „Балкан, Анадолија, Блиски Исток, неолитска трансформација – нека питања“, *Гласник срīскоī археолошкоī друштва*, година XI, број 11, 1996, увод.

Дионисова гробна места и веровања у његову годишњу смрт и ускрснуће у уобичајеној форми бика, па Плутарх због тога поистовећује Озириса и Диониса.[110] У Делфима, где прорицање у храму деле Аполон и Дионис, за време столовања Диониса, Аполон иде у земљу Хиперборејаца на север, где дане проводи у музици и идили.

Дионис или Бахус је увек био божанство потлачених и социјално угрожених, у грчким градовима и сеоским областима.[111] У почетку пелопонеског рата Атина је бројала укупно 362.000 душа, од тога 170.000 грађана, 42.000 метека (насељених странаца са одређеним правима и обавезама) и 150.000 робова, претежно негрчког порекла. У тај број робова улазило је и 1.200 скитских стрелаца, који су вршили улогу полиције.[112] Од 400.000[113] робова Атине, по попису из 309. год. пре Христа, већина су били Скити са Црног мора, Трачани,[114] Дачани, Илири, Лићани, Карци, Фрижани или боље рећи Пеласти, односно староседеоци.

Они су били прва и задња одбрана од религиозних иновација, које би користиле владајућој класи у лакшем управљању, па се ради социјалног

[110] A. G. Bather, „The problem of Bacchae", *The journal of Hellenic studies XIV* (1894), стр. 245.

[111] *Исто*, стр. 245.

[112] А. Мусић, *Нацрт грчких и римских старина*, Загреб (1910), стр. 12.

[113] Гоу-Ренак, *Увод у проучавање грчких и латинских школских класика*, Београд (1903), стр.72.

[114] Име за роба у Атини било је „Риђан" и „Дачанин", Милан Будимир, „Александус ≥ Александрос", *Историски часопис*, година I, 1-2 (1948), стр. 19.

мира посебна пажња поклањала култу Диониса, који је постао део државне религије. Из овога следи, да његов култ није уведен од стране завојевача или неке друге расе, већ силом веровања преовлађујућег становништва саме старе Грчке, које је у свом богу вина видело одбрану својих интереса и ентитета.

Аристотел повезује постанак трагедије са певачима дитирамба (оргијастичке песме у славу Диониса), а комедије са певачима фаличких песама.[115] Прво је Есхил број глумаца, са једног повећао на два и смањио учешће хора и првенство дао дијалогу, док Софокле затим уводи сценографију и број глумаца повећава на три. Међутим, добро позната пословица: „Шта се то тиче Диониса?"[116] упућивана је Фринику и Есхилу, који су саму трагедију и комедију удаљавали од првобитне религиозно-обредне намене. Театарске представе су се још у Софоклово и Аристофаново доба одржавале само као део тродневних празника у славу Диониса.[117] Њему су била посвећена два велика празника, Антестерија и Линеа, и знамо да су се обреди другог мањег празника изводили поред старе пресе за вино,[118] што нам показује колико је вино било свето за вернике.

---

[115] Милош Н. Ђурић, *Патња и мудрост, Студије и огледи о хеленској трагедији*, Титоград (1962), стр. 9.

[116] *Исто*, стр. 13.

[117] John William Donaldson, *The theatre of the Greeks* (1875), стр. 6.

[118] John Pickard, „Dionysus", *American School of Classical Studies*, Volume VI, Athens (1891). стр. 198.

Сл. 35. Бронзани кийови Ашиса са īлумачком маском и Ашиса īлесача, йронађени у Сиску (Археолошки музеј у Заīребу).

На слици 35. видимо бронзане кипове Атиса из Сиска, који додатно потврђују чињеницу да је театар настао из старих религиозних прича о Атису и Кибели. Поштовање култа фригијског Атиса, одржало се и у римско доба, а античка *Siscia* била је, „што нам потврђују и други документи, посебно епиграфски и иконографски, значајно средиште фригијског култа. Посебно је, по свему судећи, било омиљено штовање Атиса."[119] По нашем мишљењу фригијски култ нашао се у Сиску, не увозом са

---

[119] Петар Селем, „Аспекти театрализације у култу Кибеле и Атиса", *Аншички īеашар на īūлу Јуīославије*, Београд (1980), стр. 193. слике узете из илустрација на крају рада.

стране, него потребом аутохтоног становништва за својим етничко-религиозним изразом.

Можемо слободно рећи да је утицај Аполона, Диониса и Деметре (Велике Мајке), божанстава створених и преузетих од балканско-анадолских староседелаца, био пресудан за развој драме као најсавршенијег вида поезије, али и сликарства, скулптуре и свега онога што је лепо у уметности.[120]

У Троји и целом егејском приморју, све до у Хомерово време, вино се смело пити само помешано са водом, док се чисто вино користило при обредним либацијама. У Магна Грецији познат је и закон локријског законодавца Зелеука (*Zaleucus*), који прописује смртну казну за онога ко пије чисто вино, сем по препоруци доктора, док касније Грци и Римљани пију чисто вино.[121] Из овога се види да је вино постало прва замена за крвне жртве, које су итекако упражњаване и забележене код Илира, Трачана, Фрижана и Трибала, па је због тога и било тако високо поштовано. Међутим, непознато је време од када је вино почело да замењује многе непотребне људске жртве, а тај културни и духовни скок човека, раван је божијем одвраћању Аврама од жртвовања свога сина.

Музика и плес нигде нису тако истакнути и важни као у оргијастичком култу Атиса и Кибеле. Довољно је подсетити се да се скале музике називају: јонска, дорска, фригијска, лидијска, миксолидијска, еолска и локријска (јужна Италија), а све

---

[120] John William Donaldson, *The theatre of the Greeks* (1875), стр. 1.

[121] Heinrich Schliemann, *Troja*, New York (1884), стр. 145.

припадају балканско-анадолском духовном простору прегрчког времена. Музика се развијала искључиво служећи оргијастичким култовима Велике Мајке, и само из тих разлога музика данашње Турске, блиско је повезана са музиком Балкана, а оно оргијастичко, неразумљиво и неухватљиво у њој није део османског наслеђа, већ даље старине и заборављеног јединства.

Митолошко музичко такмичење Аполона и Пана, којем су присуствовали и судили краљ Мида и речни бог Тмол, завршило се фрулашевим[122] поразом, и осудом Миде да под фригијском капом и пурпурном тканином, испод своје тијаре скрива уши, јер није музикалан, пресудивши да је Пан бољи свирач на фрули од Аполона на лири. Сам мит настао је као противтежа чињеници да Грци никада нису измислили ниједан инструмент.

Нашој народној бајци о Тројану (стари српски бог?) са козјим ушима, недостаје само почетак у односу на давни оригинал, а завршава са поуком да се на земљи ништа не може сакрити, па неопрезном берберину цар Тројан опрашта живот, за разлику од краља Миде који свог берберина убија. Мида је иначе митски предак фрижанске краљевске куће, а познат је и по ружичњацима на просторима античке Македоније у којима мешавином

---

[122] Пан је свирао у двојнице, које се на хетитским, али и етрурским споменицима редовно појављују као национални инструмент. Такође их свира Марсија у другом митском такмичењу са Аполоном. И тај мит одражава незадовољсто и завист Грка супериорнијом музикалношћу аутохтоног становништва.

вина и воде, опет не случајно мешавином, опија и хвата Силена, Дионисовог учитеља. Стари Силен му зарад ослобађања, открива тајну највеће среће за човека, а то је не родити се, а ако се неко већ родио, да на овом свету проведе што мање времена.[123] Ово је религиозни потпис орфичара, питагорејаца и поштовалаца Велике Мајке и Диониса, који сведочи о тежњи миста и посвећеника ка духовној контроли поновног рођења, односно контроли будуће реинкарнације и могућности свесног одређивања дужине свог живота на Земљи, као највиши ступањ сазнавања истине и духовности у многим живим религијама и данас.

И Вергилије у шестом певању Енејиде, истом аутохтоном старобалканско-анадолском религиозном идејом, кроз уста оца Анхиза, Енеји открива смисао и сврху живота:

„Пре свега знај, да небо и земља, и море и светла лопта месечева и друга Титанова звезда (Сунце), имају једну душу, која је расута по целој васиони, чинећи са њом једну целину, и која даје свему живот и покрет. Од ње добијају живот и људи, стока, птице и чудовишта која живе у мору, што се под његовом површином сија као углачан мрамор. Животна снага дакле човеку долази из огњеног етра, који исходи из неба, и према томе и она је небеске природе, уколико је не ограничава слабо, земаљско и смртно тело. Због тела људи страхују и имају жеље, тугују и радују се; стога што су у тело, као у какву мрачну тамницу, затво-

---

[123] Драгослав Срејовић, Александрина Цермановић, *Речник грчке и римске митологије*, СКЗ Београд (1979), стр. 264.

рени, њихове душе не погледају на своје небеско порекло. Чак ни кад суђеног дана дође смрт, ни онда душу не оставе многе телесне слабости, које су морале срасти са њом, пошто она дуго живи са телом. Зато оне пате и трпе за некадашње грехе казне. Једне су изложене да их ветрови бију и висе у ваздуху, друге стоје у једном пространом вртлогу и ту им се љаге перу водом, треће се чисте ватром, сваки мора своје да испашта. Затим нас (наш број није велики) пошаљу у пространи Елизиј и ми станујемо у његовим дивним пољима, док време не скине сасвим нечистоту с наше душе, те остане само чист огњени етар. Кад прође хиљаду година, бог нас позове на реку летску. Ту ми заборавимо све и зажелимо да се вратимо опет у тела и да дођемо опет под небески свод.“[124]

У песми „Месија“,[125] дао је додатног повода да га касније повежу са идејама хришћанства:

„... Дечко ће йосшаши бог као и други богови,
И видеће хероје йомешане међу богове, и видеће
   они њега,
И йомоћу духовне силе коју је од оца добио,
   владаће умиреним свешом.
Теби ће, божански дечко, земља која од сада не
   мора да буде обрађивана

---

[124] Вергилије, *Енејида I*, превео Никола Вулић, СКЗ Београд (1907), стр. 144.
[125] Веселин Чајкановић, *Вергилије и његови савременици*, СКЗ, Београд (1930), стр. 22-23. Вијугави бршљан „као први дар“ носи Дионис, а Сандикс је недвосмислено Сандон Мале Азије, који доласком сина спаситеља, сам облачи јагањце, који би иначе њему били жртвовани.

Принети као први дар вијугави бршљан са
*   бакаром*
...
Снажни земљорадник ослободиће волове јарма,
Нити ће вуни бити потребно да се кити
*   туђим бојама,*
Него ће сам ован на пашњацима
Да обоји своје руно руменим пурпуром и жу-
*   тим шафраном,*
Сандикс ће сам драговољно да обуче јагањце... "

4. Троја и Подунавље

Тројанско утврђење и култура, обзиром на положај границе између Европе и Мале Азије и под претпоставком блискости расе, културе и језика са становницима балканског залеђа, за нас служи као контролна тачка те везе. Митски оснивач Дардан долази са Балкана и у Троади, оснива град Илиос или Троју – *Troisa*. По археолошким подацима, оснивање прве Троје[126] датира се у почетак четвртог миленијума старе ере (Сл. 36.), а Хомерова, односно Пријамова, грађена у истом микенском стилу киклопских зидина као и главни град Хетита Богазкеј, настала је око 1500 год. пре Христа, а разрушена до 1200 год. пре Христа, и то је трећи град.[127] Пет метара дубље налази се Троја 2., која настаје мало после 3000. год. пре Христа, а још пет метара испод ње је Троја 1., прво насеље на здравици, на дубини од 14 до 16 метара.[128] Грци насељавају Троју тек у VII веку пре Христа. Друга Троја није била великих димензија, око 400 м у обиму и служила је за збег људи од напада непријатеља. Ископавања су потврдила да

---

[126] Heinrich Schliemann, *Troja*, New York (1884), стр. 264, 265.

[127] Након Блегенових ревизионих ископавања, прихваћено је Дерпфелдово разврставање археолошких слојева у Троји, па је за Пријамов град проглашена Троја VIIa. (*прим. ур.*)

[128] Гавро Манојловић, Повијест старога оријента, од најстаријих времена до у једанаесто стољеће прије Христа, Загреб (1923), стр. 475.

је преправљана више пута и на крају спаљена, а сама култура становника се базирала на изузетној обради камених оруђа и металургији. Интересантно је да тумули, пронађени у великом броју, датирају чак од времена првог и другог града, па све до грчког времена, од када их више нема. Громиле или тумули су расути по целој Фригији, а најпознатији и највећи су огромни тумули Лидских краљева у пречнику и до 400 м, као Алијатова гробница. Може се приметити велика једноличност „тројанске“ културе тог доба, по тако далеким просторима, па се помишља да су становници били староседеоци расути по целој Малој Азији и Егејским острвима. До скора релативно непознате, лавље капије киклопских градова старог хетитског царства, али и њихових млађих наследника Лићана, Караца, Фрижана, идентичне су микенским и тројанским и додатно указују да је појас јединствене културе, језика и расе захватао и Малу Азију.

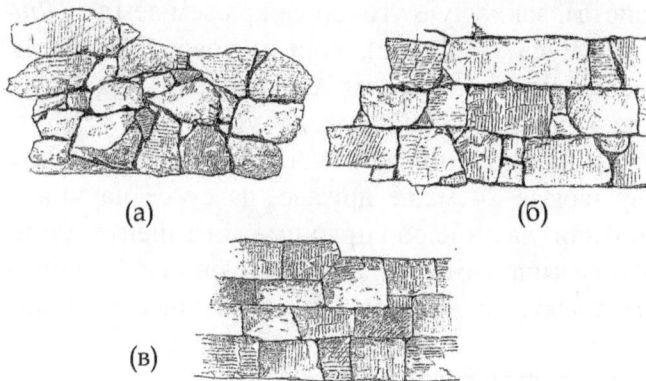

Сл. 36. Зидине Троје а) првог насеља, б) његове преправке, в) другог насеља.

73

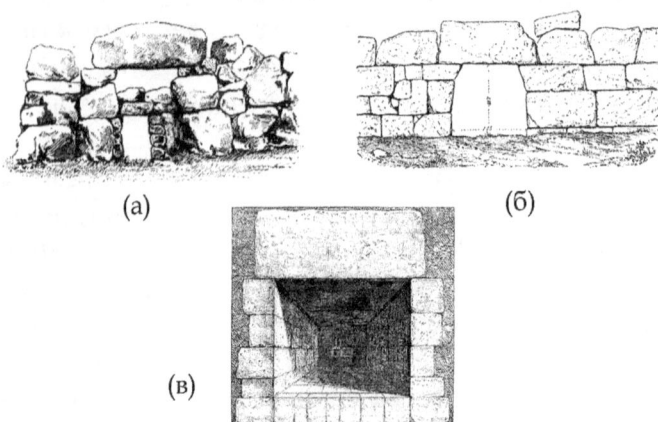

Сл. 37. а) Карско светилиште, 5 км од Халикарнаса,
б) фригијска капија ка акрополису у заливу Смирне,
в) поглед у лидску гробницу Алијата.[129]

После откривања и дешифровања архива хе-
титског царства у Богазкеју, откривено је да, нег-
де у претпостављено време Тројанског рата, хе-
титски краљ Мутавалиш (1306-1282. год. пре
Христа), закључује уговор са краљем земље *Uliu-
sa* (уИЛуса? – Илиос), који се зове *Aleksandrus*.
Идентичност са именом Александра, Пријамовог
сина запањила је научнике. У уговорима је поме-
нута и најзападнија земља *Assuva*, у чијем се сас-
таву налазе 24 мање државе, па су се научници
запитали, да ли је ово прво име континента Азије.
Што се тиче самог имена Троје, оно се у клинас-
том писму, по додавању самогласника, чита као

---

[129] Charles Chipez and Georges Perrot, *History of art in Phrygia, Lydia, Caria, and Lycia* (1892), стр. 45, стр, 313, стр. 263.

Ta-ru-i-ša,[130] па одатле читамо *Trisa, Troisa* (Тро-
ица?), а Грци су због промене „с" у „х", добили
Troiha, Troia (Троја). Да је име Троје идентично
са бројем три, говори нам и локално име Троил
(ТроИЛ), али и то да је Атина, по миту, рођена од
тројединог небеског оца Тритона или Тритоса, и
да је због тога називана *Tripartenia*, како нас упу-
ћује Милан Будимир, а не због тога што је оцу
„рођена из главе".[131] Због тога она на слици 16. и
носи на штиту баш тај симбол.

Тројанци су веровали у врховну богињу, коју
налазимо на вазама са главом сове, а не налазећи
сову у грчкој колонији основаној у Илиосу после
VII века пре Христа, Шлиман закључује да је
тројанска богиња „Атина" првобитно била пред-
стављена у облику сове од староседелачког, пре-
грчког становништва, те да су Грци дошли после
већ завршене антропоморфизације њеног лика,
који се по њему десио бар 1.000 година пре Хоме-
ра.[132] Поред теракота богиње, на дубини од 14 до
16 метара, налазе се и мале теракоте у облику вул-
кана, на којима преовлађује приказ угравиране
свастике.[133] Главе тројанских ваза можемо упореди-
ти са Васићевим налазима поклопаца са два лица из

---

[130] Гавро Манојловић, *Повијест старога оријента, од најстаријих времена до у једанаесто стољеће прије Христа,* Загреб (1923), стр. 316.
[131] Милан Будимир, „Атена Тритогениа и атички тритопат-
реји", *Гласник Земаљског музеја у Сарајеву,* Сарајево
(1920), str. 325.
[132] Heinrich Schliemann, *Troy and its remains*, New York
(1875), стр. 54.
[133] *Исто*, стр. 38.

Винче са дубине ▼8,3 м (Сл. 7.). Шлиман је упоре-
дио дигнуте, раширене руке са роговима бика, јер
претпоставља да је тројанска богиња, као и критска
Хера, повезана са кравом и симболично представ-
љена као ова животиња. На неким пронађеним тера-
котама, ручке су у облику главе бика са роговима.[134]

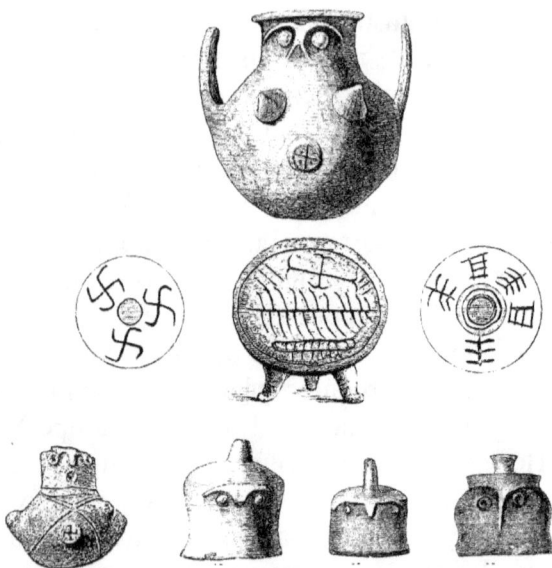

*Сл. 38. а) Теракота са аријанским симболом, ▼6 м.
б) йечат са ▼4 м, теракота са ▼3 м, йечат са ▼5 м,
в) сова са свастиком[135], ▼3 м,
г) сове са дубина ▼3 м, ▼2 м и ▼7 м.[136]*

---

[134] *Исто*, стр. 293.
[135] Heinrich Schliemann, *Troja*, New York (1884), слика под в)
је са стр. 191.
[136] *Исто*, стр. 35., стр. 130., стр. 24.

Знак свастике је све до 600. год. пре Христа био знак врховног аријског небеског божанства, *Dyaus*-а или Зевса, Тора код Скандинаваца, Индре код Индијаца и Перуна код Словена. Проф. Р. П.. Грег нашао је свастику на једном Хетитском цилиндру, а проф. В. М. Ремзи на хаљини хетитског краља, са рељефа на стенама Ибриза у Ликаонији, па закључује: „Мислим да би требало схватити да је тројанска свастика хетитског порекла."[137] Касније су се и Хетити, у науци почели сматрати Индоевропљанима, а самим тим и њихов и даље загонетни језик.

Највеће и најпријатније изненађење представљају пронађене теракоте (Сл. 39. и 40.) и печати са курзивним писмом (Сл. 38.), које је проф. Емил Бурноф, радећи на дешифровању налаза, повезао са кинеским писмом.[138]

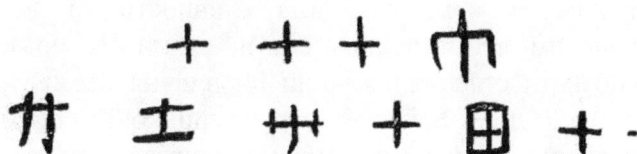

Сл. 39. Тројанско писмо, којем проф. Емил Бурноф налази аналогије у кинеском писму. [139]

---

[137] *Исто*, стр. 124.
[138] Heinrich Schliemann, *Troy and its remains*, New York (1875), стр. 51.
[139] *Исто*, стр. 51.

Сл. 40. Ваṁин, īлинени амулеṁ[140] са ṁисменима, око 1200. до 1075. īод. ṁре Христа, који ṁриṁада винчанској кулṁури.

Проф. Сајс га поистовећује са старим грчко-азијским писмом, које има сличности са феничанским, али читалац и сâм на слици 41., може препознати старо-српска или ћирилична слова П, И, О, Т, Р, Л, М, Е. Остали стручњаци, који су били укључени у процес дешифровања, повезали су натписе у Троји са кипарским писмом, које припада прехомерским културама.[141] Када су откопавали Троју, давне 1875. године, Шлиман и његове колеге нису имали никаква сазнања о постојању култура Лепенског вира, Старчева, Бутмира и Винче, али су и поред тога, културу оснивача Троје везивали за

---

[140] Радивоје Пешић, *Винчанско ṁисмо*, према М. Гарашанин 1983, 509, Т. LXXIV, 2а.

[141] *Исṁо*, стр. 369.

север, односно Подунавље. Били су чак довољно слободни да кажу: „...чак и пре хомерског времена, постојали су Грци[142] упознати са писаним језиком", мада нам није јасно да ли се о Грцима пре-хомерског времена може уопште говорити у насе-љу Троје.

Сл. 41[143]. Исписана теракота из краљевске палате, ▼8 м. и теракота са ▼5,5 м.

---

[142] *Исто*, стр. 371.
[143] *Исто*, стр. 23. и стр. 309.

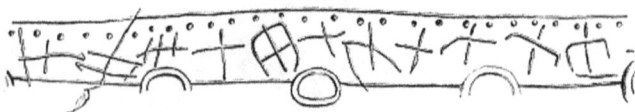

Сл. 42. Исписана теракота из краљевске палате, ▼8,5 м, са развијеним натписом доле. [144]

До сада се сматрало да је култура Винче дошла на југ до Солуна, али није се размишљало о њеном могућем утицају на тројанску насеобину. Остаци материјалне културе и култа Троје, а нарочито откривање писмености старих насељеника и симболи свастике, показују могућу повезаност са културом Подунавља и Винче, јер у Троји нема никаквих остатака културе Египта и Асирије.[145] Ако је Винча успела да своје идеје засади на подручје прелаза из Европе у Малу Азију, онда можемо бити сигурни да је то исто семе посејано и даље, јер је Троја, као велики трговачки и културни центар, утицала својом културом надалеко. То се десило

---

[144] *Исто*, стр. 51.
[145] *Исто*, стр, 365.

посредством првих насељеника, који су у нај-
дубљим слојевима насеља, од 14 до 16 м, оставили
симболе свога духовног система и схватања света,
али и каснијим сукцесивним доласком нових са
севера, Мижана, Бруга-Фрижана, Трачана и Илира
са Балкана, или лидским насељавањем Троје са
југа.

Сл. 43. Два тројанска печата
са истим натписом, ▼*7 м.* [146]

Сл. 44. Печат са развијеним натписом, ▼*10 м.* [147]

Теракоте првих насељеника, иначе изванредне
израде, показују стално погоршање у квалитету,
како идемо ка млађим насељима, што значи да су
први насељеници били на високом цивилиза-
цијском нивоу. Та прва култура, како нам ископа-

---

[146] *Исто,* стр. 367.
[147] *Исто,* стр. 369.

вања показују, развијала се више од 1500 година, све до свог рушења и градње „Пријамове" Троје, око 1500. год. пре Христа. Проф. А. Х. Сајс, коментаришући појаву да се теракоте првих насељеника не могу наћи у другим деловима Троаде млађег доба, а да се налазе са европске стране Хелеспонта, каже: „Можемо закључити из ове чињенице, да су први насељеници дошли у Троју, из Европе, а не из Азије."[148]. Ако је то тако, онда се и повезаност Балкана и Мале Азије, кроз целокупну каснију историју, мора посматрати на други начин, а досадашње културне, језичке и расне поставке, требало би поново утврдити и дефинисати.

---

[148] Heinrich Schliemann, *Troja*, New York (1884), стр. 262.

Закључак

У досадашњем излагању указано је на могућ-
ност другачијег посматрања етничких и културних
процеса на балканско-анадолском простору, од
најранијих култура до данашњице. Тежиште је
стављено на континуитет религиозно-обредне ми-
сли, јер су по нашем уверењу, религиозни системи
отпорнији од камених споменика, а народи Балка-
на нам својим фолклорним шаренилом и старином
обичаја, то и доказују. Посебно нас занима култ
Велике Мајке, који је још од најстаријих времена,
имао у себи идеју о бесмртности душе и идеју
тројединости мајке, оца и сина, или испрва мајке,
оца и ћерке. У центру овога култа биле су две
најважније тачке живота, рођење и умирање. Ово
схватање не иде правцем од живота ка смрти, него
од смрти ка животу, односно све је у кругу.
Трачани су плакали при нечијем рођењу, због те-
шкоћа које човека чекају на овом свету, и радова-
ли се његовој смрти, јер ступа у дуго очекивано
блаженство. Рођење се код Фрижана схватало као
васкрсење, а умирање је поистовећено са самож-
твовањем бога, у непрекидним циклусима умира-
ња и обнове живота.

Самотрачке, Орфичке и Елеусинске мистерије,
стајале су изнад Хомеровог олимпијског пантеона
богова у духовном смислу, а заједничка им је дав-
нина њиховог постанка, тајно вршење култа —
употреба живе речи, као и познавање светих тајни
живота, смрти и васкрса. „Живеле су на Хелен-

ском земљишту у времену пре него што су
освајачи са севера продрли са својим новим бого-
вима и створили и утврдили такозвану хомерску
религију, религију господара, која је ширила ура-
но-патријархалне, а одбацивала хтонско-матријар-
халне култове, прастару праву веру затеченога
становништва."[149] Да би схватили значај ових мис-
терија за културу Хелена, довољно је напоменути
да су сви хеленски филозофи и научници, песници
и државници били упознати са њиховим мудрос-
тима или били посвећени у ове култове. Орфичку
религију је, по предању, пренео Музеј из Еулесине
у средњу Хеладу. У орфичким оргијама се разди-
рао бик-бог, па њихов корен можемо тражити у
старотрачким оргијастичким мистеријама Велике
Мајке.[150] Орфичка религија спасења, као део апо-
лонизираног дионисизма, који је Хеленима дошао
из Македоније и Тракије, извршила је огроман
утицај на свест становника Хеладе и разликовала
се од државне религије и осталих верских
заједница. Иако није имала храмова, као што су
Делфи и Елеусина, њене „свете куће" и затворене
општине, у којима се славио Дионис, биле су пре-
теча каснијих филозофско-религиозних школа, од
погрченог старинца Питагоре па надаље. Платон,
за разлику од Аристотела, верује у његово исто-
ријско постојање, као трачког краља, бар хиљаду
година пре времена у коме је живео, али без обзира
на њихово неслагање, „несумљиво је да је његова

---

[149] Милош Н. Ђурић, *Историја хеленске етике*, Београд
(1997), стр. 3.
[150] *Исто*, стр. 26.

фигура израз најранијег античког веровања у богочовечје биће – теантрију“.[151] Не заборавимо да Орфеј, Дионис и Исус силазе у доњи свет ради спашавања душа, да су и Дионис и Исус зачети од земљане мајке и небеског бога, а обојица су јахали магарца. Сва тројица поштују завет ћутања, односно користе искључиво живу реч, када говоре о Богу и сва тројица су жртвовани, а Исус добровољно.

За све ове мистерије предање нам говори да су их основали Трачани, односно балкански народи, те да су касније прихваћене од Грка. Митови и предања, као да непогрешиво преносе, на првом месту, етничко-религиозну припадност, јер појам о народима, како их ми данас схватамо, врло је млад, што значи да је припадање неком религиозном систему у далекој прошлости, повлачило и припадање одређеном етносу. Стара предања и аутори збуњивали су нас сталним мешањем Илира и Трачана, Скорда, Мижана, Брига, Фрижана, Гета и ми смо заборавили на просто решење – њихову расну сродност, односно „еволуирање од заједничког супстрата – Пеласта“,[152] а ту идеју може у будућности потврдити генетика.

Недоумице око тога да се у српском језику могу наћи толике запањујуће подударности са многим

---

[151] *Исто*, стр. 26.

[152] Фанула Папазоглу, „Етничка структура античке Македоније у светлу нових ономастичких испитивања“, *Balcanica*, Београд (1977), стр. 68. О Пеластима највише је писао проф. Милан Будимир и заговарао идеју јединственог балканско-анадолског културног простора, који је захватао и Апенинско полуострво.

старим, али и данашњим језицима, ако одбацимо
превише слабу тезу да смо ми као нижег културног
ступња, у наш језик само примали и копирали од
других, могу се разрешити истим принципом
заједничког-супстрата, који је још давне 1852. го-
дине формулисао оснивач и пионир енглеске фило-
логије, проф. Џон Вилијам Доналдсон: „Пелаз-
гијски језик, како се појављује у најстаријим фор-
мама латинског и у одређеним грчким архаизмима,
је најближе повезан са словенским, стога ми не
можемо сумњати да је то било порекло пелаз-
гијског народа, нарочито што не постоји ниједан
доказ ни аргумент против.“[153] Зар истом идејом, ра-
сне сродности са Словенима, Хрозни и Билбија ни-
су дошли до могућег дешифровања хетитског и ет-
рурског писма, коришћењем словенских језика. Да
ли је време да се и у српској науци одбаце преов-
лађујуће тезе, које тврде да српски језик није могао
примити ниједну реч, илирску, трачку или фри-
гијску у свој речник. Овакве обмане здравог разума
и покушаји поништења тока самог живота, не узи-
мају у обзир чињеницу да цивилизацијског прекида
на Балкану нема, нити га је икад могло бити.

Највећа грешка у тумачењу старих божанстава,
представља њихово стално поређење и поистове-
ћивање са много млађим грчким и римским бо-
жанствима, уместо да процес тече у другом смеру,

---

[153] John William Donaldson, *Varronianus – ethnography of an-
cient Italy and philological study of the Latin language*, Cam-
bridge (1852), стр. 58-59. Наравно, у науци се његове твр-
дње данас карактеришу као превазиђене, без њиховог на-
вођења.

од старијих ка млађима. Изненађујућа је саврше-
ност и потпуност старих обреда и веровања фор-
мираних на Балкану и Малој Азији у давној прош-
лости, па нас то упућује на помисао да се божанс-
тва нису развила из великих фетиша, обожавања
Сунца и Месеца, већ да је врховни бог, створитељ
и законодавац, познат човеку, у јасној слици и
смислу, од почетака. Из тог разлога се могу поис-
товећивати богови различитих имена, али истог
смисла и поруке.

Нарочито је важно запажање да се митологији
може посветити већа пажња и поверење, јер ар-
хеологија нам потврђује да митови носе и прено-
се тачне информације о религиозним системима и
њиховим изворима, утемељивачима и односима
између различитих божанстава, као односима
међу народима у далекој прошлости. Напокон,
дошло је време да се уопште сме и помислити, да
је свако староиталско или старогрчко божанство,
више суштински у вези са балканским фолкло-
ром, етнологијом, и духовним старинама самог
Балкана, неголи са грчким и италским, јер Балкан
се показао као веома конзервативан у чувању ре-
лигиозних идеја и форми, вероватно из разлога
што су оне ту првобитно и настале. Да ли се и
одувек загонетна и неописива словенска душа
може боље разумети, ако се узме у обзир чиње-
ница да она, кроз религиозни живот свог етноса,
познаје сопствену бесмртност хиљадама година
уназад.

Проф. Милоје Васић нам је, и поред своје
грешке у датовању Винче, указао и доказао, колико
су међусобно зависне културе старог Балкана, Ана-

долије и Грчке.[154] Проблем представља чињеница да је такав стручњак видео потпуну истоветност, не само култа двосекле секире Винче и Тенедоса, већ и прорицања помоћу знаковима исписаних горских кристала и троношца[155] из Винче, са делфијским троношцем, али и самим начином прорицања у Делфима. Њихов временски распон је колосалан, а опет ритуали су остали суштински непромењени. Поред сунчаног бога дупљајских колица, то су чврсти докази сталности и непроменљивости великих религијских идеја и ритуала, идеја које су и настале на тлу Балкана. Професору Васићу можемо бити веома захвални јер је утврдио повезаност Јоније и Винче, не само када су религиозне форме у питању, него и израда керамике а материјал који стоји иза његовог дугогодишњег рада, уопште не губи на вредности, па чак ни на тачности. Једино што треба променити су места даваоца и примаоца, односно Винча стоји као мајка према Јонији, а не обрнуто.

---

[154] M. M. Vassits, „South-Eastern Elements in the Pre-historic Civilization of Servia", *The annual of the British school at Athens* – XIV (1907-8); М. М. Васић, „Однос Винчине пластике према грчкој архајској пластици; Хтонско-аграрни култ у Винчи", *Глас САНУ*, CCIII, Београд (1951); М. М. Васић, *Кроз културни слој Винче I и II*, Споменик САН, Београд (1950); М. М. Васић, „Клеромантика у Винчи", *Глас САН CCXVIII*, Београд (1956); М. М. Васић, „Аргонаути на Дунаву", *Глас САНУ* (1953); М. М. Васић, „Crepundia и Symbola", *Глас САНУ* (1954).

[155] М. М. Васић, „Клеромантика у Винчи", *Глас САН CCXVIII*, Београд (1956). стр. 37. Кристал је вађен са дубине до ▼8,9 м, тврдоће је 7, па се поставља питање чиме су урези направљени? Помишљало се и на познавање сечења дијамантом са Урала, стр. 31.

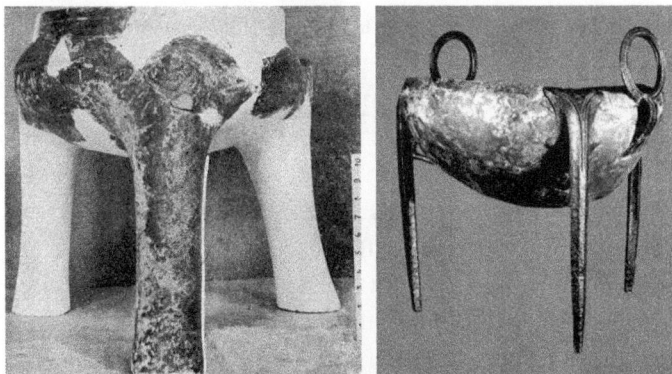

(а)

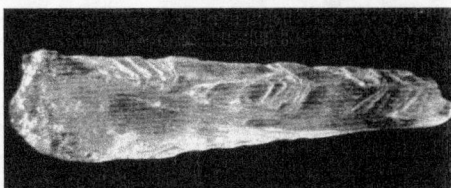

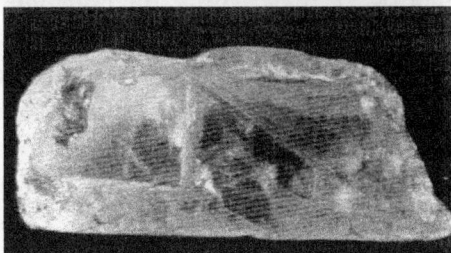

(б)

Сл. 45. а) Земљани тарроножац из Винче ▼3,48 м, и бронзани из Делфа, б) криссали тврдоће 7, са урезаним знацима из Винче, ▼ 6,4 м, и ▼6,6 м. [156]

Из духовног поимања света неолитских становника Балкана, могло је да се јави и писмо, као почетак тајног саопштавања и тумачења божан-

---

[156] М. М. Васић, „Клеромантика у Винчи", *Глас САН CCXVIII*, Београд (1956). Прилози.

ских тајни и објава. Тројанска насеобина у својим најдубљим слојевима сведочи о суштинским утицајима и непрекинутој вези са балканским залеђем, у културном, језичком и религиозном смислу. Пошто у дешавању и посматрању историјских процеса нема прекида, Илири, Трачани, хетитска цивилизација и њени наследници – Лиђани, Карци, Фрижани, Трачани и Етрурци – представљају оне народе и цивилизације, који би сведочанства о тој непрекидности и даље требало да носе, па је овим радом на неке од њих скренута пажња, са надом да ће дубље везе у будућности тек бити објашњене.

Поред Васића и други наши водећи археолози видели су непрекинуту везу прошлости и садашњости, па нам Милутин Гарашанин о томе каже: „За материјалну културу Јужних Словена неоспорно је значајан аутохтони балкански еленат. Основа овог елемента је илирска и трачка материјална култура",[157] и мало даље: „Ми се ипак на овом месту не можемо упуштати у доказивања, али да читалац не би остао без одговора на овакво питање, сматрамо да је најважнији аутохтони еленат, док су номадски и прасловенски секундарни."[158] Преко Илира и Трачана, Срби су повезани са неолитским културама Балкана и они који одричу могућност језичких и генетских веза Срба са

---

[157] М. Гарашанин – Ј. Ковачевић, *Преглед материјалне културе Јужних Словена* (1950), стр. 210. Аутори повезују Јужне Словене са неолитском културом управо преко Илира и Трачана.

[158] *Исто*, стр. 213.

Илирима и Трачанима, подразумевају потпуно уништење, не само државних творевина и међуплеменских савеза античког Балкана, већ целокупне популације. Ако сагледамо да је римско освајање Балкана трајало око 240 година, да је сам цар Октавијан Август два пута долазио на Балкан у ратне походе и да је од Батонове четворогодишње побуне Илира и Трачана, која је запалила територију од Трста до Македоније почетком нове ере, дрхтао цео Рим, није нам јасно на који се начин могао десити потпуни нестанак тако јаког и бројног народа.

Сада се већ могу боље разумети речи далековидог Милана Будимира који нас је давно учио скривеним истинама: „Главни носиоци античке културе, прекласичне и класичне, су стога за нас Балканце донекле и физички, а не само духовни родитељи наши. За Балканце је антика у неку руку национални предмет. Нажалост наша школска просвета посудила је своје наставне програме, па и уџбенике, од западноевропских шегртових шегрта, а не од наших старобалканских мајстора."[159]

Наука се служи подацима, да би њиховом анализом дошла до синтезе. Игром случаја, старобалканска, хетитска и етрурска цивилизација и материјална култура, постале су доступне науци, тек пред крај XIX века, када је она већ формирала своје синтезе о човековој цивилизацији и култури уопште. Ове велике културе биле су творци оригиналних идеја, али и преносиоци других култур-

---

[159] Милан Будимир, *О Илијади и њеном йеснику*, Коларчев народни универзитет, Београд (1940), стр. 2.

них утицаја на данашњу Европу из Месопотамије и Египта и њихов спој са неолитским културама, па је научна синтеза о човековој култури уопште, незамислива без њиховог темељног познавања и тумачења. Из тих разлога потребне су нове синтезе, које ће можда срушити претходне, али ни то не треба да нас изненади, јер наука је грешила и у прошлости.

Библиографија

Анйичка бронза у Јуīославији, Народни музеј, Београд (1969).

Аријан – *Индија*, превод Пјер Шантрен, Нови Сад (1997).

Bather, A. G. – „The problem of Bacchae", *The journal of Hellenic studies XIV* (1894).

Butler, H. C. – *Sardis, vol. II – The temple of Artemis*, Publications of the American society for the excavation of Sardis, Leyden (1925).

Будимир, Милан – „Александус ≥ Александрос", *Исйориски часойис*, година I, 1-2 (1948).

Будимир, Милан – „Атена Тритогениа и атички тритопатреји", *Гласник Земаљскоī музеја у Сарајеву*, Сарајево (1920).

Будимир, Милан – „Из класичне и савремене алоглотије", *Сйоменик СКА*, LXXVI (1933).

Будимир, Милан – *О Илијади и њеном йеснику*, Коларчев народни универзитет, Београд (1940).

Будимир, Милан – „О подунавским Сигунима", *Исйориски часойис*, књига IX-X, Београд (1959).

Валтровић, М. и Милутиновић, Д. – *Докуменйи – йеренска īрађа 1871-1884.*, Историјски музеј Србије, Београд (2006).

Васић, М. М. – „Аргонаути на Дунаву", *Глас САНУ* (1953).

Васић, М. М. – „Дионисос и наш фолклор", *Глас САНУ CCIXV*, Београд (1954).

Васић, М. М. – „Диригована археологија“, *Историски часопис*, САН, књига V, Београд (1954-1955).

Васић, М. М. – „Јонска колонија Винча“, *Зборник филозофскоī факулūеūа*, књига I, Београд 1948

Васић, М. М. – „Клеромантика у Винчи“, *Глас САН ССXVIII*, Београд (1956).

Васић, М. М. – „Crepundia и Symbola“, Глас САН CCXIV, Београд (1954).

Васић, М. М. – *Кроз кулūурни слој Винче I и II*, Споменик САН, Београд (1950).

Васић, М. М. – „Однос Винчине пластике према грчкој архајској пластици; Хтонско-аграрни култ у Винчи“, *Глас САНУ*, ССIII, Београд (1951)

Васић, М. М. – „Преисторијски обредни предмети – прилози ка познавању преисторијске религије у Србији“, *Сūаринар*, Београд (1908).

Васић, М. М. – „Проблем бронзане секире из Винче“, *Сūаринар*, Београд (1950).

Vassits, M. M. – „South-Eastern Elements in the Prehistoric Civilization of Servia“, *The annual of the British school at Athens* – XIV (1907-8)

Васић, М. М. – „Тенедос и Винча“, *Глас САН ССXIV*, Београд (1954).

Васић, М. М. – „Хтонско-аграрни култ у Винчи“, *Глас САНУ*, Београд (1951).

Вергилије, *Енејиgа I*, превео Никола Вулић, СКЗ Београд (1907).

Wilke, Dr. – „Нови приноси спирално-меандрастој керамици и њени односи према кружници и текстилном плетиву“, *Гласник земаљскоī музеја у Сарајеву*, Сарајево (1909).

Walters, H. B. – *History of ancient pottery, Greek, Etruscan, and Roman I*, London (1905).

Вулић, Никола – „IN HOC SIGNO VINCES“, САНУ, књига CCCXLVI, *Неколико йишања из аншичке йрошлосши наше земље*, Београд (1961).

Гавела, Бранко – *Ешрурци*, Београд (1978).

Гарашанин, М. и Ковачевић, Ј. – *Археолошки налази у Јуīославији*, (1961).

Гарашанин, М. и Ковачевић, Ј. *Преīлед машеријалне кулшуре Јужних Словена* (1950).

Гоу-Ренак – *Увод у йроучавање īрчких и лашинских школских класика*, Београд (1903).

Грбић, М. – *Одабрана īрчка и римска йласшика у Народном музеју у Беоīаду*, САНУ, Београд (1958).

Donaldson, John William – *New Cratylus – or contribution towards a more accurate knowledge of the Greek language*, London M.DCCC.L.

Donaldson, John William – *The theatre of the Greeks* (1875).

Donaldson, John William – *Varronianus – ethnography of ancient Italy and philological study of the Latin language*, Cambridge (1852).

Ђурић, Милош Н., *Исшорија хеленске ешике*, Београд (1997).

Милош Н.Ђурић – *Оīледи из īрчке филозофије и умешносши* (1936).

Милош Н.Ђурић – *Пашња и мудросш, Сшудије и оīледи о хеленској шраīедији*, Титоград (1962)

Evans, Artur J. – *The Mycenaean tree and pillar cult, and its mediterranean relations*, London (1901).

Evans, Artur J. – *The palace of Minos III*.

Законик цара Сшефана Душана, Сшуденички, Хиландарски, Ходошки и Бисшрички рукойис, САНУ, Београд (1981).

Cox, G. W. – *The Mithology of the Aryan nations*, London (1870).

Cowley, A. E. – *The Hittites*, London (1920).

Cook, A. B. – *Zeus – A study in ancient religion I*, Cambridge (1914).

Лековић, Владимир – „Балкан, Анадолија, Блиски Исток, неолитска трансформација – нека питања“, *Гласник срйскої археолошкої друшшва*, година XI, број 11, (1996).

Littmann, E.; Buckler, W. H. – *Sardis, Lydian inscriptions*, Publications of the American society for the excavation of Sardis, Gottingen (1916).

Мано-Зиси, Ђ. и Поповић, Љ. Б. – „Нови Пазар, илирско-Грчки налаз“, Београд.

Манојловић, Гавро – *Повијесш сшарої оријенша, од најсшаријих времена до у једанаесшо сшољеће йрије Хрисша*, Загреб (1923).

Messerschmidt L. – *The Hittites* (1903).

Miklosich, F. – *Lexicon palaeoslovenico graeco latiпиш – emendatum auctim* (1865).

Митровић, Божидар Трифунов – *Азбучна машемашика Винче*, Коловенија, Београд (2012).

Muller, F. Max – „Antropological Religion“, *Collected works of F. Max Muller*.

Мишолоїија и релиїија Ешрураца, Дечија књига, Београд (1990).

Мусић, А. – *Нацрш їрчких и римских сшарина*, Загреб (1910).

Папазоглу, Фанула – „Етничка структура античке Македоније у светлу нових ономастичких испитивања“, *Balcanica*, Београд (1977)

Папазоглу, Фанула – *Из исшорије аншичкої Балкана*, Equilibrium, Београд (2007).

Петковић, Владислав Р. – *Манастир Дечани I*, Српска краљевска академија, издање Задужбине Михајла Пупина, Београд 1941.

Petrie, W.M. Flinders – *Egyptian decorative art – a course of lectures delivered at the Royal Institution* (1920).

Petrie, W.M. Flinders – *Tell el Amarna* (1894).

Пешић, Радивоје – *Винчанско писмо*, Београд (2003).

Pickard, John – „Dionysus", *American School of Classical Studies*, Volume VI, Athens (1891).

Псеудо-Калистен, *Живот и дјела Александра Македонског*, Нови Сад (1980).

Sayce, A. H. – *The Hittites – the story of a forgotten Empire*, London (1890).

Селем, Петар – „Аспекти театрализације у култу Кибеле и Атиса", *Антички театар на тлу Југославије*, Београд (1980)

Smith, George and Sayce, A. H. – *The Chaldean account of Genesis*, New York (1880).

Срејовић, Драгослав и Цермановић, Александрина – *Речник грчке и римске митологије*, СКЗ Београд (1979).

Стеванчевић, Милан – *Београдска школа метеорологије*, свеска трећа, Београд (2010).

Стеванчевић, Милан – *Београдска школа метеорологије*, свеска IV, Београд (2011).

Стојановић, Љубомир – *Стари српски натписи и записи*, Београд (1920).

Трухелка, Ћиро – *Културне прилике Босне и Херцеговине у прехисторичко доба*, Сарајево (1914).

Трухелка, Ћиро – „Фригијска капа – комад босанске женске ношње", *Гласник Земаљског музеја у Сарајеву*, Сарајево, јануар – март (1894).

Fellows, Charles – *Coins of ancient Lycia before the reign of Alexander*, London (1855).

Чајкановић, Веселин – *Верīилије и њеīови савременици*, СКЗ, Београд (1930).

Chipez, Charles and Perrot, Georges – *History of art in Phrygia, Lydia, Caria, and Lycia* (1892).

Giles, J. A. – *Hebrew and Christian Records* (1877)

Schliemann, Heinrich – *Mycenae – a narrative of researches and discoveries at Mycenae and Tiryns*, New York (1878).

Schliemann, Heinrich – *Tiryns – The prehistoric palace of the kings of Tiryns, the results of the latest excavations* (1885).

Schliemann, Heinrich – *Troy and its remains – a narrative of researches and discoveries made on the site of Ilium, and in the Trojan plain*, New York (1875).

Schliemann, Heinrich – *Troja*, New York (1884).

Индекс

Библиотека
ЗАПИС

Каталог издања
www.srpskeknjige.blogspot.com

Контакт
biblioteka.zapis@gmail.com

Фејсбук страница
www.facebook.com/srpske.knjige

www.ingramcontent.com/pod-product-compliance
Lightning Source LLC
Chambersburg PA
CBHW021342290326
41933CB00037B/480